David Beckham

Por United Library

https://campsite.bio/unitedlibrary

Índice

Descargo de responsabilidad

Este libro biográfico es una obra de no ficción basada en la vida pública de una persona famosa. El autor ha utilizado información de dominio público para crear esta obra. Aunque el autor ha investigado a fondo el tema y ha intentado describirlo con precisión, no pretende ser un estudio exhaustivo del mismo. Las opiniones expresadas en este libro son exclusivamente las del autor y no reflejan necesariamente las de ninguna organización relacionada con el tema. Este libro no debe tomarse como un aval, asesoramiento legal o cualquier otra forma de consejo profesional. Este libro se ha escrito únicamente con fines de entretenimiento.

Introducc

Embárquese en un apa~~sionante viaje a~~ la
extraordinaria vida de David Robert Joseph Beckham, el
icónico ex futbolista profesional inglés, y descubra el
imborrable impacto que ha dejado en este deporte. La
ilustre carrera de Beckham se desarrolló en el Manchester
United, donde debutó en 1992 a la edad de 17 años,
sentando las bases de una trayectoria marcada por la
excelencia. Célebre por sus excepcionales pases, su
habilidad para los centros y su dominio de los
lanzamientos de falta con efecto como extremo derecho,
las proezas de Beckham en el campo le convirtieron en
uno de los mejores y más reconocidos centrocampistas de
su generación.

Con el Manchester United, conquistó seis títulos de la
Premier League, dos Copas de Inglaterra y la Liga de
Campeones de la UEFA en 1999. Su periplo continuó en el
Real Madrid, con el que se proclamó campeón de Liga en
su última temporada. Su trascendental fichaje por el LA
Galaxy de la Major League Soccer en 2007 añadió una
nueva dimensión a la ilustre carrera de Beckham. En
particular, se convirtió en el primer jugador inglés en
ganar títulos de liga en cuatro países: Inglaterra, España,
Estados Unidos y Francia.

A escala internacional, el impacto de Beckham fue igualmente profundo. Fue capitán de la selección inglesa durante seis años, disputó 115 partidos y participó en tres Copas Mundiales de la FIFA y dos Campeonatos de Europa de la UEFA. La influencia de Beckham se extendió más allá del terreno de juego, lo que le valió el reconocimiento como icono cultural británico y embajador mundial del fútbol.

Esta exhaustiva exploración se adentra en el polifacético legado de Beckham, celebrando sus logros deportivos, su importancia cultural y sus esfuerzos filantrópicos. Desde sus inicios en el Manchester United hasta la copropiedad del Inter de Miami, la trayectoria de Beckham es un testimonio de su perdurable impacto en el mundo del fútbol.

David Beckham

David Robert Joseph Beckham (nacido el 2 de mayo de 1975) es un ex futbolista profesional inglés, actual presidente y copropietario del Inter de Miami y copropietario del Salford City. Conocido por su variedad de pases, su habilidad para los centros y sus lanzamientos de falta con efecto como extremo derecho, Beckham ha sido aclamado como uno de los mejores y más reconocibles centrocampistas de su generación, así como uno de los mejores especialistas en jugadas a balón parado de todos los tiempos. Por su talento y sus logros, tanto con su club como con su selección, Beckham es considerado uno de los mejores futbolistas del Manchester United de todos los tiempos, así como uno de los mejores jugadores ingleses de la historia de este deporte. Es el primer jugador inglés que ha ganado títulos de liga en cuatro países: Inglaterra, España, Estados Unidos y Francia.

La carrera profesional de Beckham comenzó en el Manchester United, donde debutó con el primer equipo en 1992, a los 17 años. Con el United ganó seis veces la Premier League, dos veces la FA Cup y la Liga de Campeones de la UEFA en 1999. Después jugó cuatro temporadas en el Real Madrid, con el que ganó la Liga en su última temporada. En julio de 2007, Beckham firmó un contrato de cinco años con el LA Galaxy, de la Major League Soccer. Mientras jugaba en el Galaxy, pasó dos temporadas cedido en Italia, en el AC Milan, en 2009 y 2010. Fue el primer futbolista británico en jugar 100 partidos de la Liga de Campeones de la UEFA. Se retiró en mayo de 2013 tras 20 años de carrera, durante los cuales ganó 19 grandes trofeos.

En el fútbol internacional, Beckham debutó con Inglaterra el 1 de septiembre de 1996, a la edad de 21 años. Fue capitán de la selección durante seis años, en los que disputó 58 partidos internacionales. En total, disputó 115 partidos en su carrera, participando en tres Copas Mundiales de la FIFA (1998, 2002 y 2006) y en dos Eurocopas (2000 y 2004). Hasta 2016 ostentó el récord de apariciones con Inglaterra para un jugador de campo.

Embajador mundial del fútbol, Beckham está considerado un icono cultural británico. Fue subcampeón del Balón de Oro en 1999, dos veces subcampeón del FIFA World Player of the Year (1999 y 2001) y en 2004 fue nombrado por Pelé en la lista FIFA 100 de los mejores jugadores vivos del mundo. Fue incluido en el Salón de la Fama del Fútbol Inglés en 2008, y en el Salón de la Fama de la Premier League en 2021. Es embajador de UNICEF desde 2005, y en 2015 lanzó *7: The David Beckham UNICEF Fund*.

Beckham ha figurado siempre entre los futbolistas con mayores ingresos, y en 2013 fue catalogado como el jugador mejor pagado del mundo, tras haber ganado más de 50 millones de dólares en los doce meses anteriores. Está casado con Victoria Beckham desde 1999 y tienen cuatro hijos. En 2014, la MLS anunció que Beckham y un grupo de inversores serían propietarios del Inter de Miami, que empezaría a jugar en 2020.

Primeros años

David Robert Joseph Beckham nació el 2 de mayo de 1975 en el Hospital Universitario Whipps Cross de Leytonstone, Londres, Inglaterra. Es hijo de Sandra Georgina (*de soltera* West; nacida en 1949), peluquera, y David Edward Alan "Ted" Beckham (nacido en Edmonton, Londres, 1948), instalador de cocinas; la pareja se casó en 1969 en el barrio londinense de Hackney. Su segundo nombre es Robert, en honor a Bobby Charlton, el futbolista favorito de su padre. Tiene una hermana mayor, Lynne Georgina, y una hermana menor, Joanne Louise. Estudió en el Chingford County High School de Nevin Drive, Chingford. En una entrevista de 2007, Beckham declaró: "En el colegio, cuando los profesores me preguntaban: '¿Qué quieres hacer cuando seas mayor? yo respondía: 'Quiero ser futbolista'. Y ellos decían: 'No, ¿qué quieres hacer realmente, trabajar? Pero era lo único que quería hacer".

El abuelo materno de Beckham era judío, y Beckham se ha referido a sí mismo como "medio judío" y escribió en su autobiografía: "Probablemente he tenido más contacto con el judaísmo que con cualquier otra religión". En su libro *Both Feet on the Ground (Con los dos pies en el suelo)*, Beckham declaró que cuando era niño iba a la iglesia todas las semanas con sus padres, porque era la única manera de poder jugar al fútbol en su equipo.

Sus padres eran hinchas fanáticos del Manchester United y viajaban con frecuencia 320 km a Old Trafford desde Londres para asistir a los partidos del equipo en casa. David heredó el amor de sus padres por el Manchester United, y su principal pasión deportiva fue el fútbol. Asistió a una de las Escuelas de Fútbol de Bobby Charlton en Manchester y ganó la oportunidad de participar en una sesión de entrenamiento con el Barcelona, como parte de un concurso de talentos. Jugó en un equipo juvenil local llamado Ridgeway Rovers, entrenado por su padre, Stuart Underwood, y Steve Kirby. Beckham fue mascota del Manchester United en un partido contra el West Ham United en 1986. El joven Beckham hizo pruebas con su club local, el Leyton Orient, el Norwich City y asistió a la escuela de excelencia del Tottenham Hotspur, aunque nunca representó al club en un partido. Durante un periodo de dos años en el que Beckham jugó en el equipo juvenil del Brimsdown Rovers, fue nombrado Jugador Sub-15 del Año en 1990. También asistió a la Bradenton Preparatory Academy, pero firmó fichas de colegial en el Manchester United cuando cumplió 14 años, y posteriormente firmó un contrato del Youth Training Scheme el 8 de julio de 1991. Beckham se formó tarde y no fue seleccionado para representar a la selección inglesa de colegiales debido principalmente a su pequeña estatura.

Carrera en el club

Manchester United

1991-1994: Juventud e inicio de la carrera profesional

Tras fichar por el Manchester United como aprendiz el 8 de julio de 1991, Beckham formó parte de un grupo de jóvenes jugadores, entre los que se encontraban Ryan Giggs, Gary Neville, Phil Neville, Nicky Butt y Paul Scholes, que fueron entrenados por Eric Harrison, y ayudó al club a ganar la FA Youth Cup en mayo de 1992. Beckham marcó el segundo gol del Manchester United en el minuto 30 de la victoria por 3-1 en la ida de la final contra el Crystal Palace, el 14 de abril de 1992. En el partido de vuelta, disputado el 15 de mayo, Beckham jugó los 90 minutos del encuentro, que terminó 3-2 a favor del Manchester United y 6-3 en el global. El impacto de Beckham le llevó a debutar con el primer equipo el 23 de septiembre de 1992, como suplente de Andrei Kanchelskis en un partido de la Copa de la Liga contra el Brighton & Hove Albion. Poco después, Beckham firmó como profesional el 23 de enero de 1993.

El Manchester United alcanzó de nuevo la final de la FA Youth Cup, en la que se enfrentó al Leeds United. El partido de ida se jugó el 10 de mayo de 1993, y Beckham fue titular en la derrota por 2-0 del Manchester United en casa, pero fue sustituido por el suplente Robbie Savage. En el partido de vuelta, disputado el 13 de mayo de 1993, Beckham jugó los 90 minutos de la derrota por 2-1 del Manchester United, que dio al Leeds United un resultado global de 4-1. Beckham también recibió honores con el equipo reserva del club cuando la plantilla ganó la liga en 1994. En septiembre de 1994, Beckham hizo su primera aparición completa en el primer equipo del club contra el Port Vale en un partido de la Copa de la Liga. El 7 de diciembre de 1994, Beckham debutó en la Liga de Campeones de la UEFA, marcando un gol en la victoria por 4-0 en casa contra el Galatasaray en el último partido de la fase de grupos. A pesar de la victoria, el equipo acabó tercero de su grupo, por detrás del Barcelona.

1994-1995: Préstamo al Preston North End

Beckham se marchó cedido al Preston North End durante parte de la temporada 1994-95 para adquirir experiencia en el primer equipo.

"Llegué pensando que el Manchester United ya no me quería. Tenías que rendir porque, si no, te dejaban marchar. Así que estás constantemente pensando que no estás a salvo". - Beckham en 2023.

Marcó dos goles en cinco apariciones, sobre todo directamente de un saque de esquina.

1995-1996: Regreso al United y primer Campeonato

Beckham regresó a Manchester y debutó en la Premier League con el Manchester United el 2 de abril de 1995, en un empate sin goles contra el Leeds United. Esa temporada jugó cuatro partidos de liga con el United, que terminó segundo por detrás del Blackburn Rovers y perdió por un solo punto su tercer título consecutivo de la Premier League. No formó parte de la plantilla en la final de la FA Cup contra el Everton el 20 de mayo, que el United perdió por 1-0, dejando al club sin un trofeo importante por primera vez desde 1989.

El entrenador del United, Sir Alex Ferguson, tenía mucha confianza en los jóvenes jugadores del club. Beckham formó parte del grupo de jóvenes talentos que Ferguson incorporó al United en la década de 1990 (conocidos como "los Fledglings de Fergie"), entre los que se encontraban Nicky Butt y Gary y Phil Neville. Cuando los experimentados Paul Ince, Mark Hughes y Andrei Kanchelskis abandonaron el club al final de la temporada 1994-95, su decisión de sustituirlos por jugadores de la cantera en lugar de comprar jugadores estrella a otros clubes (se había relacionado al United con fichajes de jugadores como Darren Anderton, Marc Overmars y Roberto Baggio, pero ese verano no se hizo ningún fichaje importante) suscitó muchas críticas. Las críticas aumentaron cuando el United comenzó la temporada con una derrota por 3-1 ante el Aston Villa, en la que Beckham marcó el único gol del partido. Sin embargo, el

United se recuperó de esta derrota de principio de temporada y los jóvenes jugadores rindieron bien.

Beckham se afianzó rápidamente como centrocampista derecho del United (en lugar de extremo derecho, al estilo de su predecesor Andrei Kanchelskis) y contribuyó a la conquista del título de la Premier League y del doblete de la Copa de Inglaterra esa temporada, marcando el gol de la victoria en la semifinal contra el Chelsea y proporcionando el córner desde el que Eric Cantona marcó en la final de la Copa de Inglaterra. La primera medalla de Beckham parecía que no llegaría esa temporada, ya que a principios de año el United seguía a 10 puntos del líder, el Newcastle United, pero a mediados de marzo Beckham y sus compañeros habían desbancado a los de Tynes de la primera posición de la liga, que ocuparon hasta el final de la temporada. A pesar de jugar con regularidad y a un alto nivel en el Manchester United, Beckham no entró en la selección inglesa antes de la Eurocopa de 1996.

1996-1998: Primera opción y heredero del dorsal 7

Al comienzo de la temporada 1996-97, Beckham recibió el dorsal número 10 que hasta entonces había llevado Mark Hughes. El 17 de agosto de 1996 (el primer día de la temporada de la Premier League), Beckham se convirtió en un nombre muy conocido al marcar un gol espectacular en un partido contra el Wimbledon. Cuando el United ganaba 2-0, Beckham se dio cuenta de que el portero del Wimbledon, Neil Sullivan, estaba muy lejos de su portería, y conectó un disparo desde la línea de medio campo -a 57 metros- que flotó por encima del guardameta y se coló en la red.

Al celebrar el gol, levantó los brazos y se alejó sonriendo, en lugar de correr como solía hacer. En una encuesta realizada en el Reino Unido por Channel 4 en 2002, el público británico votó el gol en el puesto 18 de la lista de los 100 mejores momentos deportivos. En una encuesta de Sky Sports de 2016, se clasificó como el mejor gol de la jornada inaugural en la historia de la Premier League. Durante la temporada 1996-97, Beckham se convirtió en titular indiscutible en el Manchester United, al que ayudó a revalidar el título de la Premier League, y fue elegido Jugador Joven del Año de la PFA por sus compañeros. Antes de la temporada 1997-98, Beckham heredó el dorsal número 7, un número que habían llevado anteriormente grandes jugadores del United como George Best y Eric Cantona. El Manchester United empezó bien la temporada, pero sus irregulares actuaciones en la segunda mitad de la temporada hicieron que el United acabara segundo por detrás del Arsenal. Beckham fue el jugador que más asistencias dio en la liga, con 13, mientras que sus nueve goles en la Premier League incluyeron un lanzamiento de falta desde el borde del área de 18 yardas contra el acérrimo rival del Manchester United, el Liverpool, en Anfield.

1998-1999: Agudos

En la temporada 1998-99, formó parte del equipo del United que ganó el triplete de Premier League, FA Cup y Liga de Campeones, una hazaña única en el fútbol inglés hasta la temporada 2022-23 del Manchester City. Se había especulado con que las críticas que había recibido tras su expulsión en el Mundial le llevarían a abandonar Inglaterra, pero Beckham decidió quedarse en el Manchester United.

Para asegurarse el título de la Premier League, el United necesitaba ganar su último partido de liga de la temporada, en casa contra el Tottenham. Hubo informes que sugerían que el rival se dejaría ganar para evitar que su rival local, el Arsenal, revalidara el título, pero el Tottenham se adelantó pronto en el partido. Beckham marcó el gol del empate con un disparo enroscado desde doce metros, tras recibir el balón en la parte derecha del área de penalti y colocarlo en la esquina superior izquierda de la portería; el United acabó ganando el partido por 2-1 y la liga.

Beckham jugó en el centro del campo en la victoria del United sobre el Bayern de Múnich en la final de la Liga de Campeones de la UEFA de 1999, ya que los centrales titulares del United, Paul Scholes y Roy Keane, estaban sancionados para el partido. El United perdía 1-0 al final del tiempo reglamentario, pero ganó el trofeo al marcar dos goles en el tiempo añadido. Ambos goles procedían de saques de esquina ejecutados por Beckham. Esas asistencias decisivas, unidas a sus grandes actuaciones durante el resto de la temporada, le llevaron a ser finalista, por detrás de Rivaldo, de los premios al Futbolista Europeo del Año 1999 y al Jugador Mundial de la FIFA del Año 1999.

1999-2000: Otro Campeonato

A pesar de los logros de Beckham en la temporada 1998-99, seguía siendo impopular entre algunos aficionados y periodistas de la oposición, y fue criticado tras ser expulsado por una falta deliberada en el partido del Manchester United contra el Necaxa en el Campeonato Mundial de Clubes. En la prensa se sugirió que su mujer era una mala influencia para él, y que al United le convendría venderlo, pero su entrenador lo apoyó públicamente, y se quedó en el club.

Durante la temporada 1999-2000, se habló de un traspaso a la Juventus de Italia, pero éste nunca se produjo. Beckham ayudó al United a retener el título de la Premier League en 1999-2000 por un margen de 18 puntos, después de haber sido presionado por el Arsenal y el Leeds United durante gran parte de la temporada. El

United ganó sus últimos 11 partidos de liga de la temporada, y Beckham marcó cinco goles durante esta racha, el último de los cuales fue un disparo desviado desde el borde del área de penalti en su último partido en casa contra el Tottenham Hotspur.

2000-2001: relación problemática con Ferguson

A principios de la década de 2000, la relación entre Ferguson y Beckham había empezado a deteriorarse, posiblemente como consecuencia de la fama de Beckham y sus compromisos fuera del fútbol. En 2000, Beckham obtuvo permiso para faltar al entrenamiento para cuidar de su hijo Brooklyn, que tenía gastroenteritis, pero Ferguson se enfureció cuando Victoria Beckham fue fotografiada en un acto de la Semana de la Moda de Londres esa misma noche, alegando que Beckham habría podido entrenar si Victoria hubiera cuidado de Brooklyn ese día. Beckham fue multado con la máxima cantidad permitida (dos semanas de salario, entonces 50.000 libras) y no jugó un partido crucial contra el Leeds United, rival del United. Más tarde criticó a Beckham por ello en su autobiografía, afirmando que no había sido "justo con sus compañeros de equipo". Sin embargo, Beckham tuvo una buena temporada para su club y ayudó al United a ganar la Premier League por un margen récord.

"Nunca fue un problema hasta que se casó. Solía ir a trabajar con los entrenadores de la academia por la noche, era un chico fantástico. Casarse en el mundo del espectáculo fue algo difícil; a partir de ese momento, su vida nunca volvería a ser la misma. Es una celebridad tan grande que el fútbol es sólo una pequeña parte". - Alex Ferguson hablando del matrimonio de Beckham en 2007.

Fue un jugador clave en el tercer título de liga consecutivo del United en 2000-01, la cuarta vez que un club lograba tres títulos de liga seguidos. Marcó nueve goles en la Premier League y dio el mayor número de asistencias de la liga, con 12.

2001-2002: Prórroga de contrato

El 10 de abril de 2002, Beckham se lesionó durante un partido de la Liga de Campeones contra el Deportivo de La Coruña, rompiéndose el segundo hueso metatarsiano del pie izquierdo. En los medios de comunicación británicos se especuló con la posibilidad de que la lesión hubiera sido causada deliberadamente, ya que el jugador que había lesionado a Beckham era el argentino Aldo Duscher, e Inglaterra y Argentina debían enfrentarse en el Mundial de ese año. La lesión impidió a Beckham jugar con el United el resto de la temporada, y el equipo perdió el título de la Premier League a manos del Arsenal (también fue eliminado de la Liga de Campeones por el Bayer Leverkusen con goles fuera de casa en semifinales), pero en mayo firmó un contrato de tres años, tras meses de negociaciones con el club, sobre todo en relación con los pagos extra por sus derechos de imagen. Los ingresos de su nuevo contrato y sus numerosos contratos de patrocinio le convirtieron en el jugador mejor pagado del mundo en aquel momento. A pesar de que la temporada se vio interrumpida por las lesiones, la 2001-02 fue una de las mejores temporadas de Beckham como jugador del United; marcó 16 goles en todas las competiciones, la mejor de su carrera.

2002-2003: Incidente de la bota y salida del United

Tras lesionarse a principios de la temporada 2002-03, Beckham no pudo recuperar su puesto en el equipo del Manchester United, ya que Ole Gunnar Solskjær le sustituyó en la banda derecha del centro del campo. Su relación con su entrenador se deterioró aún más el 15 de febrero de 2003, cuando, en el vestuario tras una derrota en la Copa de la FA ante el Arsenal, un furioso Alex Ferguson lanzó o pateó una bota que golpeó a Beckham en el ojo, causándole un corte que requirió puntos de sutura. El incidente dio lugar a numerosas especulaciones sobre el traspaso de Beckham, y las casas de apuestas ofrecían cuotas sobre si él o Ferguson serían los primeros en abandonar el club. Aunque el equipo había empezado mal la temporada, sus resultados mejoraron mucho a partir de diciembre y ganaron la liga, con un total de once goles de Beckham. El 13 de junio de 2003, en la Lista de

Honores del Cumpleaños de la Reina, Beckham recibió la Orden del Imperio Británico por sus servicios al fútbol.

Beckham disputó 265 partidos de liga con el United y marcó 61 goles. También disputó 81 partidos de Liga de Campeones, en los que marcó 15 goles. En doce años, Beckham ganó seis títulos de la Premier League, dos Copas de Inglaterra, una Copa de Europa, una Copa Intercontinental y una Copa Juvenil de Inglaterra. A esas alturas, ya era el segundo jugador más veterano del equipo, por detrás de Ryan Giggs (se incorporó al mismo tiempo que Nicky Butt, Gary Neville y Paul Scholes).

2003-2004: Convertirse en *galáctico*

A medida que se acercaba el periodo de traspasos del verano de 2003, el Manchester United parecía dispuesto a vender a Beckham al Barcelona, e incluso ambos clubes anunciaron que habían llegado a un acuerdo para el traspaso de Beckham, pero en lugar de ello éste se incorporó al vigente campeón español, el Real Madrid, por 37 millones de euros y un contrato de cuatro años. Beckham era el último fichaje de la era *Galácticos* de estrellas mundiales fichadas cada verano por el presidente del club, Florentino Pérez. La noticia supuso un duro golpe para el recién elegido presidente del Barcelona, Joan Laporta, que basó gran parte de su campaña presidencial en el fichaje de Beckham.

El traspaso al Real Madrid se anunció a mediados de junio y se completó formalmente el 1 de julio de 2003, convirtiendo a Beckham en el tercer inglés en jugar en el club, tras Laurie Cunningham y Steve McManaman, a este último sucedió en el cargo. Tras pasar con éxito el reconocimiento médico el 2 de julio, Beckham fue presentado ante 500 periodistas acreditados de 25 países en las instalaciones de baloncesto del club, donde recibió la famosa camiseta blanca de manos del ex jugador del Real Madrid Alfredo Di Stéfano. Aunque Beckham había llevado el dorsal número siete en el Manchester United y en Inglaterra, no pudo lucirlo en el Madrid, ya que estaba asignado al capitán del club, Raúl. Beckham decidió llevar el número 23 en su lugar, citando su admiración por el jugador de baloncesto Michael Jordan, que también llevaba el número 23, como la razón detrás de su decisión. Sobre las ventas de artículos relacionados con Beckham tras su llegada al Real Madrid, un portavoz de Adidas declaró: "Pon el nombre de Beckham en cualquier producto y el Real Madrid no parará de vender".

La semana anterior a la presentación de Beckham, el Real Madrid nombró a Carlos Queiroz nuevo entrenador, con lo que Beckham se reencontró con una cara conocida al llegar a Madrid, ya que Queiroz había pasado la temporada anterior como ayudante de Ferguson en el Manchester United. A finales de julio de 2003, el club realizó una gira por Extremo Oriente como parte de los entrenamientos de pretemporada, pero también para aprovechar el enorme atractivo comercial de Beckham en Asia, donde gozaba de un enorme seguimiento. A su llegada al aeropuerto de Kunming, en el sur de China, el *diario Marca* tituló: "Beckham-manía en China". Tras el partido inaugural en Pekín, la gira incluyó partidos en Hong Kong, Tokio y Bangkok. El reconocimiento de la marca Real Madrid en esa parte del mundo ya estaba bien establecido, ya que el club había realizado viajes a Asia con éxito económico durante las temporadas bajas anteriores. Sin embargo, la presencia de un icono del marketing mundial como Beckham convirtió esta gira en un éxito económico para *los merengues*.

Poco después de su fichaje por el Real Madrid, Beckham también puso fin a su relación con el agente Tony Stephens, de SFX Europe, que le había guiado a lo largo de su carrera hasta ese momento, incluso ayudando a organizar el traslado de Beckham de Manchester a Madrid. Beckham fichó por Simon Fuller y su empresa 19 Entertainment, que ya gestionaba la carrera de Victoria. Beckham también nombró a su amigo íntimo Terry Byrne mánager personal.

A finales de agosto de 2003, el Real Madrid ganó la Supercopa de España a doble partido contra el Mallorca, y Beckham marcó el último gol de la victoria por 3-0 en el partido de vuelta disputado en casa, preparando así el terreno para el comienzo de la temporada liguera. Jugando en un equipo repleto de estrellas que incluía a tres ex Jugadores Mundiales de la FIFA, Zinedine Zidane, Ronaldo y Luís Figo, además de Roberto Carlos, Raúl e Iker Casillas, Beckham no necesitó mucho tiempo para asentarse, marcando cinco goles en sus primeros 16 partidos (incluido un gol a los tres minutos de su debut en la Liga). Queiroz favoreció sobre todo la formación adaptable 5-3-2, con dos laterales, Míchel Salgado y Roberto Carlos, que a menudo se sumaban al ataque por las bandas, mientras que Beckham jugaba por la derecha del centro del campo de tres hombres, junto a Zidane y Figo.

El Real Madrid fue subcampeón de la Copa del Rey, quedó eliminado de la Liga de Campeones de la UEFA en cuartos de final y terminó la temporada liguera en cuarto lugar, con lo que el equipo, cuyo presidente Pérez esperaba que ganara la liga española o la Liga de Campeones cada temporada, no cumplió las expectativas. En julio de 2004, mientras Beckham realizaba la pretemporada en España, un intruso escaló un muro de su casa portando un bidón de gasolina. Victoria y sus hijos estaban en la casa en ese momento, pero los guardias de seguridad detuvieron al hombre antes de que llegara a la vivienda.

2004-2005: Cambios en la dirección

La temporada liguera comenzó con un nuevo entrenador, José Antonio Camacho, al frente del equipo, pero sólo duró tres partidos y presentó su dimisión cuando la Real descendió al octavo puesto de la clasificación. El ayudante de Camacho, Mariano García Remón, asumió el cargo temporalmente, mientras los dirigentes del Real Madrid se apresuraban a encontrar un sustituto permanente. Beckham volvió a aparecer en los titulares el 9 de octubre de 2004, cuando admitió haber cometido una falta intencionada contra Ben Thatcher en un partido de Inglaterra contra Gales para ser amonestado. Beckham iba a recibir una suspensión de un partido por su siguiente amonestación, y se había producido una lesión que sabía que le impediría jugar el siguiente partido de Inglaterra, así que cometió una falta deliberada a Thatcher para cumplir su suspensión en un partido que se habría tenido que perder de todos modos. La Asociación de Fútbol pidió explicaciones a Beckham, quien admitió que había "cometido un error" y pidió disculpas. Poco después volvió a ser expulsado, esta vez en un partido de liga del Real Madrid contra el Valencia. Tras recibir una tarjeta amarilla, se juzgó que había aplaudido sarcásticamente al árbitro y se le mostró una segunda tarjeta amarilla, lo que supuso su expulsión automática, aunque la suspensión se anuló en apelación.

En las Navidades de 2004, con el equipo en segunda posición, García Remón fue destituido y Vanderlei

Luxemburgo se convirtió en el nuevo entrenador. Sin embargo, el brasileño, que había viajado mucho, no consiguió llevar al equipo al título, y el Real Madrid volvió a terminar la temporada en segunda posición. El 3 de diciembre de 2005, Beckham fue expulsado por tercera vez esa temporada en un partido de liga contra el Getafe. Un día después, Luxemburgo fue destituido y sustituido por Juan Ramón López Caro. Al final de esa temporada, Beckham era el tercero de la Liga en número de asistencias.

2005-2006: Superado por el Barcelona

Durante la temporada, Beckham fundó academias de fútbol en Los Ángeles y el este de Londres y fue nombrado jurado de los British Book Awards 2006. El Real Madrid terminó segundo tras el Barcelona en la Liga 2005-06, aunque con una gran diferencia de doce puntos, y sólo alcanzó los octavos de final de la Liga de Campeones tras caer ante el Arsenal. La temporada también marcó el final de una era para el club, ya que Pérez dimitió de su cargo de presidente en enero de 2006, y Vicente Boluda fue nombrado sustituto de forma interina hasta el final de la temporada.

2006-2007: Salida del Real Madrid

La temporada baja del verano de 2006 marcó una época turbulenta, ya que se celebraron las elecciones presidenciales del club. Ramón Calderón se convirtió en el nuevo presidente del Real Madrid. Como era de esperar, no se mantuvo a ninguno de los directivos que habían trabajado con el anterior presidente, incluido el entrenador López Caro. Beckham, que al principio no gozaba del favor del recién llegado Fabio Capello, fue titular en pocos partidos al principio de la temporada, ya que normalmente se prefería a José Antonio Reyes, más rápido, en la banda derecha. De los nueve primeros partidos en los que Beckham fue titular, el Real Madrid perdió siete. El 10 de enero de 2007, tras prolongadas negociaciones contractuales, el director deportivo del Real Madrid, Predrag Mijatović, anunció que Beckham no seguiría en el Real Madrid al final de la temporada. Sin embargo, más tarde afirmó que le habían traducido mal y que en realidad dijo que el contrato de Beckham aún no había sido renovado.

El 11 de enero de 2007, Beckham anunció que había firmado un contrato de cinco años para jugar en el LA Galaxy, a partir del 1 de julio de 2007. El 13 de enero de 2007, Fabio Capello dijo que Beckham había jugado su último partido con el Real Madrid, aunque siguió entrenándose con el equipo. Pocos días después, mientras hablaba a los estudiantes del Centro Universitario Villanueva de Madrid, Calderón dijo que Beckham "se va a Hollywood a ser media estrella de cine", y añadió que "nuestro cuerpo técnico hizo bien en no prorrogarle el contrato, lo que ha quedado demostrado por el hecho de que ningún otro cuerpo técnico del mundo lo quería, salvo el de Los Ángeles".

Un mes más tarde, sin embargo, Capello se retractó y permitió a Beckham reincorporarse al equipo para el partido contra la Real Sociedad del 10 de febrero de 2007. El jugador correspondió inmediatamente a la confianza de su entrenador marcando el gol del empate con un lanzamiento de falta desde 27 metros, y el Real Madrid acabó imponiéndose por 2-1. En su última aparición con el club en la Liga de Campeones de la UEFA, el Real Madrid fue eliminado de la competición por el Bayern de Múnich en octavos de final (por la regla de los goles fuera de casa) el 7 de marzo de 2007. Beckham jugó un papel fundamental en los tres goles del Madrid en el partido en casa, y el portero del Bayern, Oliver Kahn, describió su actuación como "de clase mundial".

El 17 de junio de 2007, la última jornada de la Liga española, Beckham fue titular en su último partido con el club, una victoria por 3-1 sobre el Mallorca que permitió al Real Madrid arrebatar el título al Barcelona. Cuando el Real Madrid perdía 0-1, Beckham abandonó el campo cojeando y fue sustituido por José Antonio Reyes, que marcó dos goles y condujo al equipo a la conquista de la Liga, la primera desde que Beckham fichó por el Real Madrid y la trigésima en la historia del club. Aunque el

Real Madrid y el Barcelona acabaron empatados a puntos, el Madrid se hizo con el título por su superioridad en los enfrentamientos directos, culminando así un extraordinario cambio de rumbo de Beckham en seis meses. Con su mujer y sus hijos, además de sus amigos Tom Cruise y Katie Holmes, viéndolo desde un palco de lujo en el Santiago Bernabéu, fue sólo el segundo título de Beckham desde que fichó por el famoso club.

Hacia el final de la temporada, cuando Beckham volvía a ser del agrado de Capello tras luchar con éxito por volver al primer equipo, el Real Madrid anunció que intentaría desvincular su traspaso al LA Galaxy, pero finalmente no lo consiguió. Varias semanas antes de la llegada prevista de Beckham a Estados Unidos, los directivos del Real Madrid se pusieron en contacto con el grupo propietario del LA Galaxy para volver a adquirir al jugador, pero fueron rechazados rápidamente.

Un mes después de la conclusión de la carrera de Beckham en el Real Madrid, la revista *Forbes* informó de que él había sido el principal responsable del enorme aumento de las ventas de merchandising del equipo, un total que, según los informes, superó los 600 millones de dólares durante los cuatro años de Beckham en el club.

2007: Primera temporada en la MLS

La relación de Beckham con la Major League Soccer (MLS) comenzó cuando aún era jugador del Real Madrid, cuando el 11 de enero de 2007 se confirmó que dejaría Madrid en seis meses para fichar por el LA Galaxy de la MLS. De este modo se puso fin a las especulaciones sobre su nuevo contrato en Madrid y al día siguiente se celebró la rueda de prensa oficial de Beckham con motivo del SuperDraft 2007 de la MLS.

El anuncio saltó a los titulares de todo el mundo y elevó el perfil de la liga. Aunque muchos medios de comunicación de todo el mundo informaron de que el acuerdo ascendía a 250 millones de dólares, pronto se supo que la astronómica cifra era una maniobra de relaciones públicas urdida por los responsables de Beckham (la agencia británica 19 Entertainment). Para maximizar el efecto mediático, en el comunicado de prensa decidieron enumerar la suma potencial que Beckham podría ganar durante el periodo de cinco años de todas sus fuentes de ingresos, que además de su sueldo del Galaxy, también incluyen sus patrocinios personales. El acuerdo real de Beckham con el Galaxy fue un contrato de cinco años por un valor total de 32,5 millones de dólares, o 6,5 millones al año.

Mucho antes de que Beckham se incorporara al equipo, la sonada adquisición ya había reportado beneficios económicos inmediatos al Galaxy. Gracias a este fichaje y al frenesí mediático que generó, el club pudo firmar un nuevo contrato de patrocinio de cinco años con la empresa de nutrición Herbalife, por valor de 20 millones de dólares. Los ingresos por entradas también alcanzaron un máximo, con 11.000 nuevos abonados y suites de lujo agotadas (cada una de las 42 que hay dentro del estadio del equipo, el Home Depot Center). Los propietarios del LA Galaxy, Anschutz Entertainment Group (AEG), también informaron de un aumento inmediato del negocio. AEG, implicada en muchos frentes empresariales en todo el mundo, ya estaba aprovechando su asociación con Beckham en lugares como Shanghai y Pekín, donde la empresa llevaba años trabajando con ahínco para recibir autorización para construir estadios. El Consejero Delegado de la empresa, Tim Leiweke, lo expresó de la siguiente manera: "De repente, se nos conoce como la empresa propietaria del equipo en el que va a jugar David Beckham, así que nuestro mundo cambió".

En los meses siguientes al anuncio, se hicieron públicas las condiciones adicionales del contrato de Beckham. Una cláusula única del contrato era la que le daba la opción de comprar una franquicia de expansión de la MLS en cualquier mercado, excepto en Nueva York, por un precio fijo de 25 millones de dólares, siempre que dejara de jugar en la liga, una concesión que los propietarios de la liga nunca habían concedido antes a un jugador. Otra disposición era la cláusula de rescisión después de la temporada 2009, lo que significaba que, si así lo decidía, Beckham era libre de abandonar el club tras completar el tercer año de su contrato de cinco años. La liga tenía un tope salarial, lo que obligó a crear la Regla del Jugador Designado para que Beckham se saltara el tope; la regla fue apodada más tarde en su honor. En abril de 2007, él y su esposa Victoria compraron una casa de 18,2 millones de dólares en San Ysidro Drive, Beverly Hills.

El contrato de Beckham con LA Galaxy entró en vigor el 11 de julio, y el 13 de julio fue presentado oficialmente como jugador de los Galaxy en el Home Depot Center, con gran algarabía e interés mediático mundial, ante más de 5.000 aficionados congregados y unos 700 miembros de los medios de comunicación acreditados. Beckham eligió llevar el número 23. Se anunció que las ventas de camisetas del Galaxy ya habían alcanzado la cifra récord de más de 250.000 antes de esta presentación oficial.

Paralelamente, los responsables de Beckham en 19 Entertainment consiguieron organizar un despliegue mediático sin precedentes en Estados Unidos, diseñado para expandir su marca personal, cuidadosamente elaborada, en el país. Apareció en la portada de *Sports Illustrated*, unas semanas antes Adidas había lanzado la campaña publicitaria "Fútbol meets Football", protagonizada por Beckham y el corredor de la NFL Reggie Bush, y la revista *W* publicó un reportaje fotográfico subido de tono en el que David y su esposa Victoria aparecían fotografiados por Steven Klein. Por su parte, la cadena deportiva ESPN organizó una campaña promocional y también accedió a emitir el documental *David Beckham: New Beginnings*, producido por 19 Entertainment, antes del partido amistoso contra el Chelsea, que se esperaba fuera el debut de Beckham en Estados Unidos. Además de popularizar el fútbol, la llegada de Beckham sirvió de plataforma para los esfuerzos de la industria del entretenimiento. Dado que tanto la carrera de Beckham como la de su esposa, que a menudo se solapan, corren a cargo de 19 Entertainment, propiedad de Simon Fuller, que a su vez mantiene relaciones comerciales con la Creative Artists Agency (CAA), una de las agencias de talentos más poderosas de Hollywood, también era importante para la CAA que los Beckham causaran el mayor impacto posible a su llegada a Estados Unidos. El 16 de julio, CAA había organizado una fiesta de bienvenida para David en su nueva sede de ocho plantas y 400 millones de dólares en Century City. Al parecer, los empleados de CAA habían recibido instrucciones de antemano para alinearse en la escalera y aplaudir a Beckham a su llegada. Esa noche se emitió en la NBC el programa especial de telerrealidad *Victoria Beckham: Coming to America*, que obtuvo críticas negativas en la prensa y bajos índices de audiencia.

El sábado 21 de julio por la tarde, a pesar de estar todavía recuperándose de la lesión en el tobillo izquierdo que se produjo un mes antes durante el último partido de la temporada de la Liga española, Beckham debutó con el Galaxy, entrando en el terreno de juego en el minuto 78 en sustitución de Alan Gordon, en el partido amistoso contra el Chelsea, que se saldó con derrota por 0-1, en el marco de las Series Mundiales de Fútbol. Con un aforo completo, junto con una larga lista de celebridades de Hollywood entre las que se encontraban Tom Cruise, Katie Holmes, Eva Longoria, el Gobernador de California Arnold Schwarzenegger y Drew Carey entre otros, presentes en el Home Depot Center, el partido fue retransmitido en directo por la cadena principal de ESPN. A pesar de la presencia de estrellas del fútbol mundial como Andriy Shevchenko, Didier Drogba, Michael Ballack y Frank Lampard, las cámaras de la televisión estadounidense centraron su atención en Beckham, que pasó la mayor parte del partido en el banquillo. En el tiempo añadido del partido, Beckham, ya lesionado, se llevó un buen susto al ser placado por Steve Sidwell, cuyos tacos golpearon el pie derecho de Beckham, haciéndole saltar por los aires antes de caer con fuerza al suelo. Aunque la lesión existente no se agravó demasiado, el proceso de recuperación de Beckham se retrasó alrededor de una semana. La presentación de ESPN del debut de Beckham obtuvo una audiencia televisiva de 1,0, lo que significa que se vio en una media de 947.000 hogares con televisión en Estados Unidos, una cifra decepcionante teniendo en cuenta la expectación mediática nacional y las dos semanas de promoción constante por parte de ESPN. En cuanto a los acontecimientos deportivos televisados ese fin de semana en Estados Unidos, el publicitado debut de Beckham atrajo menos telespectadores que el Open Británico de golf, un partido de la temporada regular de las Grandes Ligas de béisbol e incluso que la carrera automovilística Honda 200 de la Indy Racing League.

El día siguiente al estreno televisivo se reservó para la fiesta de bienvenida de los Beckham en el Museo de Arte Contemporáneo de Los Ángeles, organizada por Tom Cruise, Katie Holmes, Will Smith y Jada Pinkett Smith, aunque en realidad se trataba de un acto organizado por CAA. El fastuoso acontecimiento, al que asistieron numerosas estrellas de Hollywood, tuvo una gran repercusión en los medios de comunicación sensacionalistas de EE.UU., incluidas revistas de entretenimiento como *Entertainment Tonight* y *Access Hollywood*.

Beckham se perdió los cuatro partidos siguientes del LA Galaxy -tres de la SuperLiga norteamericana y uno de la MLS en Toronto FC-, aunque viajó con sus compañeros, sentados en el banquillo vestidos de calle. Fue en

Toronto, el 5 de agosto, donde el equipo probó por primera vez cómo sería la vida en la carretera con Beckham en la plantilla. La MLS suele prohibir los vuelos chárter para los partidos fuera de casa, alegando que suponen una ventaja competitiva, pero en este caso hizo una excepción debido al frenesí creado en torno a Beckham y a los consiguientes problemas de seguridad. Además, en lugar de los habituales hoteles modestos que exige la MLS, el LA Galaxy se alojó en el Le Méridien King Edward, de cinco estrellas, en el centro de Toronto (un gasto pagado por el promotor local de Toronto), mientras que la ostentación y el glamour continuaron con la fiesta con cuerda de terciopelo y alfombra roja en el Ultra Supper Club, con Beckham como invitado central.

Dos semanas después de su aparición de doce minutos contra el Chelsea, Beckham debutó en la liga como suplente el 9 de agosto contra el D.C. United en el RFK Stadium, ante 46.686 espectadores (casi tres veces la media de público del D.C. United en casa), entrando en el minuto 71 en lugar de Quavas Kirk. En un partido televisado a todo el país por ESPN, disputado bajo un fuerte aguacero y con su equipo con un hombre menos y un gol en contra, Beckham dejó huella durante los más de 20 minutos restantes. Lanzó un tiro libre lejano que Carlos Pavón no acertó a rematar para empatar, y en los últimos minutos Beckham sirvió un pase en profundidad a Landon Donovan que el portero del United, Troy Perkins, logró desbaratar en el último momento: el Galaxy perdió 1-0. El siguiente partido de la gira era en el campo del Revolution de Nueva Inglaterra, y Beckham decidió no jugar por temor a agravar aún más su lesión de tobillo en la superficie artificial del Gillette Stadium.

Beckham regresó a los terrenos de juego la semana siguiente, enfrentándose de nuevo al D.C. United, en la semifinal de la SuperLiga disputada el 15 de agosto. Durante este partido, tuvo muchas primicias con el Galaxy; su primera titularidad, su primera tarjeta amarilla y su primer partido como capitán del equipo. También marcó su primer gol con el equipo, de falta, y dio su primera asistencia a Landon Donovan en la segunda parte. Estos goles dieron al equipo la victoria por 2-0 y el pase a la final de la Superliga norteamericana contra el Pachuca el 29 de agosto.

Durante la final de la SuperLiga contra el Pachuca, Beckham se lesionó la rodilla derecha. Una resonancia magnética reveló que había sufrido un esguince del ligamento colateral medial y que estaría de baja seis semanas. Volvió a jugar en el último partido en casa de la temporada. El Galaxy quedó eliminado de la lucha por los playoffs el 21 de octubre, en el último partido de la temporada de la MLS, en el que perdió 1-0 contra el Chicago Fire. Beckham jugó como suplente en el partido, con lo que su total de la temporada es de ocho partidos jugados (5 de liga); un gol marcado (0 de liga); y tres asistencias (2 de liga).

2008

Beckham se entrenó con el Arsenal desde el 4 de enero de 2008 durante tres semanas, hasta que regresó al Galaxy para la pretemporada. Beckham marcó su primer gol en liga con el Galaxy el 3 de abril, contra los Earthquakes de San José, en el minuto 9. El 24 de mayo de 2008, el Galaxy derrotó a los Kansas City Wizards por 3-1, lo que supuso su primera victoria en dos años y el primer puesto de la Conferencia Oeste. En el partido, Beckham marcó un gol a puerta vacía desde 70 metros. Era la segunda vez en la carrera de Beckham que marcaba desde su propio campo, la otra fue en 1996 contra el Wimbledon en Selhurst Park. En general, sin embargo, el Galaxy tuvo un año decepcionante, al no clasificarse para las eliminatorias de final de temporada.

2009: Cesión al AC Milan

En 2008, el éxito de Beckham con la selección inglesa a las órdenes de Fabio Capello llevó a especular con la posibilidad de que regresara a Europa para mantenerse en forma de cara a los partidos de clasificación para el Mundial de 2009. El 30 de octubre de 2008, el AC Milan anunció la cesión de Beckham a partir del 7 de enero de 2009. A pesar de esta y otras especulaciones, Beckham dejó claro que el fichaje no significaba en modo alguno su intención de abandonar la MLS y anunció su intención de regresar al Galaxy a tiempo para el comienzo de la temporada 2009 en marzo. Muchos en el Milan, tanto dentro como fuera del club, expresaron serias reservas sobre el traspaso, considerado por algunos jugadores no más que un movimiento de marketing.

Beckham fue presentado en las instalaciones de entrenamiento del Milan por el consejero delegado del club, Adriano Galliani, el 20 de diciembre de 2008. El jugador eligió la camiseta con el número 32, que hasta entonces había llevado Christian Vieri, ya que las camisetas con los números 7 y 23 ya habían sido utilizadas por Alexandre Pato y el vicecapitán del club, Massimo Ambrosini, respectivamente. Al día siguiente de su presentación, Beckham fue trasladado a San Siro, donde fue presentado a la afición local saltando al terreno de juego antes del partido de liga contra el Udinese y proclamando "Forza Milan" por megafonía. Después, él y su esposa Victoria vieron desde un palco de lujo cómo el Milan ganaba 5-1.

Jugaba en la plantilla liderada por la superestrella de 26 años Kaká, además de varios otros jugadores de talla mundial en la cima de sus carreras o cerca de ella -como Ronaldinho, de 28 años, y Andrea Pirlo, de 29-, así como los veteranos del club Paolo Maldini, Clarence Seedorf,

Massimo Ambrosini, Giuseppe Favalli, Gianluca Zambrotta, Filippo Inzaghi y Andriy Shevchenko, Beckham debutó como titular con los *rossoneri en la* Serie A el 11 de enero de 2009, en el partido contra el Roma (2-2) disputado en el Estadio Olímpico ante 53.444 espectadores. Beckham, que jugaba su primer partido oficial en casi tres meses, tuvo una actuación aceptable en el mediocampo derecho junto a Pirlo. A pesar de su evidente falta de forma física y de sus dificultades ocasionales para mantener el ritmo en un partido de ritmo alto, Beckham aportó suficientes centros y saques de esquina útiles para justificar la decisión del entrenador Carlo Ancelotti de jugar con él desde el principio. Una semana más tarde, en su debut en casa contra el Fiorentina, Beckham volvió a realizar una discreta actuación en la banda derecha del mediocampo, antes de pasar a desempeñar un papel más activo en el centro del campo en la segunda parte, ocupando así el puesto de Seedorf tras la expulsión del holandés. El Milan ganó 1-0 gracias a Pato, pero los más de 65.000 espectadores de San Siro se centraron sobre todo en Kaká, implorándole que se quedara.

El Milan entrenado por Ancelotti, un equipo notablemente más veterano, estaba demostrando ser una buena opción para el inglés de 33 años. El 25 de enero marcó su primer gol en la Serie A con el Milan, en la victoria por 4-1 contra el Bolonia, su tercera aparición con el club. Aunque se esperaba que Beckham regresara a Los Ángeles en marzo, tras impresionar en el club italiano, marcando dos goles en sus cuatro primeros partidos y asistiendo en varios más, empezaron a circular rumores de que Beckham se quedaría en Milán, ya que el club italiano supuestamente ofrecía pagar una cantidad multimillonaria por él. Los rumores se confirmaron el 4 de febrero, cuando Beckham declaró que estaba buscando un traspaso permanente al Milan, en un intento por mantener su carrera con Inglaterra hasta la Copa Mundial de 2010. Sin embargo, el Milan no llegó a igualar la tasación del Galaxy por Beckham, entre 10 y 15 millones de dólares.

Aun así, las negociaciones continuaron durante un mes de especulaciones. El 2 de marzo, *Los Angeles Times* informó de que el préstamo de Beckham se había ampliado hasta mediados de julio. Beckham lo confirmó más tarde, revelando lo que se describió como un acuerdo único de "multipropiedad", en el que Beckham jugaría con el L.A. desde mediados de julio hasta el final de la temporada 2009 de la MLS.

2009: Regreso a la Galaxia

Tras su regreso de Milán, muchos aficionados de Los Ángeles mostraron su desagrado y enfado hacia él, ya que se perdió la primera mitad de la temporada, y varios mostraron pancartas que decían "Vete a casa fraude", y

"Jugador a tiempo parcial". El Galaxy, sin embargo, tuvo una temporada mucho más exitosa que en años anteriores, ascendiendo del tercer al primer puesto de la Conferencia Oeste durante el tiempo que Beckham estuvo con ellos. Siguió siendo una pieza clave de la plantilla que vio al Galaxy ganar la final de la Conferencia Oeste de 2009 tras imponerse por 2-0 en la prórroga al Houston Dynamo.En la final de la Copa MLS, disputada el 22 de noviembre de 2009, el Galaxy perdió ante el Real Salt Lake por 5-4 en la tanda de penaltis tras empatar a uno. Beckham también marcó en la tanda.

2010: Segunda cesión al Milan

En noviembre de 2009, tras el final de la temporada 2009 de la MLS, se confirmó que Beckham regresaría al Milan para una segunda cesión, a partir de enero de 2010. El 6 de enero de 2010, Beckham volvió a vestir la camiseta del Milan, jugando 75 minutos en la victoria por 5-2 contra el Génova. El 16 de febrero de 2010, Beckham jugó contra el Manchester United por primera vez desde que abandonó el club en 2003. Jugó 76 minutos del partido en San Siro - que terminó 3-2 a favor del Manchester United- antes de ser sustituido por Clarence Seedorf.

Beckham regresó a Old Trafford para el partido de vuelta de la eliminatoria, el 10 de marzo de 2010; no empezó el partido, pero salió en el minuto 64 en lugar de Ignazio Abate, con una acogida positiva por parte de los aficionados del Manchester United. En ese momento, el marcador era de 3-0 para el United y la eliminatoria estaba prácticamente decidida. Era la primera vez que Beckham se enfrentaba al Manchester United en Old Trafford, y creó varias ocasiones de gol mediante centros y saques de esquina, pero el Manchester United dominó al Milan y le endosó un 4-0, ganando la eliminatoria por 7-2. Tras el pitido final, suscitó cierta polémica al colgarse al cuello la bufanda verde y dorada que le habían regalado los seguidores del Manchester United en protesta contra el propietario del club, Malcolm Glazer. A medida que las protestas de los seguidores del Manchester United contra Glazer iban ganando fuerza en 2010, la bufanda verde y dorada se había convertido en un símbolo contra Glazer, y por extensión muchos vieron en la decisión de Beckham de ponérsela públicamente un gesto de apoyo. Sin embargo, cuando más tarde se le preguntó al respecto, Beckham respondió que las protestas no son asunto suyo.

En el siguiente partido del Milan, contra el Chievo, Beckham sufrió una rotura del tendón de Aquiles izquierdo, por lo que se perdió el Mundial y la temporada de la MLS debido a la lesión, que le apartó de los terrenos de juego durante los cinco meses siguientes. El doctor Sakari Orava operó el tendón de Beckham en Turku (Finlandia) el 15 de marzo de 2010. Tras la operación, Orava confirmó: "ha ido bastante bien. El pronóstico es que necesita rehabilitación durante los próximos meses, y la escayola las próximas seis u ocho semanas. Yo diría que [pasarán] quizá cuatro meses antes de que esté corriendo, pero seis meses antes de que esté saltando y dando patadas".

2010: Segundo regreso al Galaxy

El 11 de septiembre de 2010, tras recuperarse de su lesión en el tendón de Aquiles, Beckham volvió a jugar como suplente en el minuto 70 en la victoria del Galaxy por 3-1 sobre el Columbus Crew. El 4 de octubre, Beckham marcó su primer gol en 2010 con un tiro libre marca de la casa en la victoria por 2-1 sobre el Chivas USA. El 24 de octubre, Beckham marcó su segundo gol de la temporada en la victoria por 2-1 de los Galaxy sobre el FC Dallas, que les aseguró su segundo título consecutivo de la Conferencia Oeste y su primer MLS Supporters' Shield desde 2002.

2011: Campeón de la Copa MLS

Durante enero y febrero de 2011, antes de la temporada 2011 de la MLS, Beckham se entrenó con el Tottenham Hotspur. Los rumores en los medios de comunicación afirmaban que el club estaba en conversaciones con el Galaxy para fichar al jugador en calidad de cedido, pero, según el entrenador de los Spurs, Harry Redknapp, el fichaje fue bloqueado por el Galaxy, que quería una última temporada completa de su número 23. En consecuencia, el jugador acabó entrenándose únicamente con el club, como ya había hecho con el Arsenal tres años antes. Con Beckham jugando en el centro del campo, el Galaxy ganó la Copa MLS de 2011.

El 15 de mayo, Beckham marcó su primer gol de la temporada para el Galaxy con un lanzamiento de falta desde 30 metros, en la victoria por 4-1 sobre el Sporting Kansas City. El 9 de julio, Beckham marcó directamente de saque de esquina en la victoria por 2-1 sobre el Chicago Fire, repitiendo una hazaña que también logró cuando jugaba en el Preston North End.

Tras realizar su mejor temporada con el Galaxy hasta la fecha, y terminar segundo en la liga en asistencias, Beckham terminó su quinta temporada en la MLS en lo más alto. El 20 de noviembre de 2011, se unió a un selecto grupo de jugadores que han ganado títulos de liga en tres países, cuando Los Ángeles conquistó su tercera Copa MLS contra el Houston Dynamo, ganando 1-0 con un gol del capitán Landon Donovan, con asistencias de Beckham y del también jugador designado Robbie Keane.

2012: Segunda victoria consecutiva en la Copa

Tras la temporada 2011, en la que el Galaxy ganó su segunda Supporters' Shield consecutiva, siendo el segundo equipo con más puntos en la historia de la MLS, el contrato de cinco años de Beckham con el Galaxy expiró el 31 de diciembre de 2011. A pesar de tener 36 años, declaró que no tenía intención de retirarse. Beckham estuvo muy vinculado al París Saint-Germain, pero el 18 de enero de 2012, el Galaxy anunció que Beckham había firmado un nuevo contrato de dos años para permanecer en Los Ángeles. En mayo de 2012, Beckham y sus victoriosos compañeros de equipo fueron recibidos por el Presidente de los Estados Unidos, Barack Obama, en la Casa Blanca.

Beckham ayudó al Galaxy a terminar cuarto en la Conferencia Oeste durante la temporada regular de 2012, con siete goles y nueve asistencias. El Galaxy derrotó al Vancouver Whitecaps, al San Jose Earthquakes y al Seattle Sounders en su camino hacia la final de la Copa MLS, donde derrotó al Houston Dynamo por 3-1 para retener la copa. Beckham fue sustituido en el minuto 89 por Marcelo Sarvas, y recibió una gran ovación en su estadio. Beckham había anunciado anteriormente que la final de la Copa MLS 2012 sería su último partido con el Galaxy, a pesar de que le quedaba un año más de contrato.

París Saint-Germain

El 31 de enero de 2013, antes de que se cerrara el plazo de fichajes, se anunció que Beckham pasaría reconocimiento médico con el París Saint-Germain, antes de su posible fichaje por el equipo de la Ligue 1. Beckham firmó un contrato de cinco meses con el club esa misma tarde, y confirmó que todo su salario durante su estancia en París sería donado a una organización benéfica local para niños. Su debut con el PSG se produjo el 24 de febrero de 2013, cuando salió desde el banquillo en el minuto 76 en un partido en casa de la Ligue 1 contra el Marsella. Se convirtió así en el jugador número 400 de la historia del club. El 12 de mayo de 2013, Beckham ganó por cuarta vez consecutiva la medalla de campeón de la máxima categoría, después de que el PSG venciera 1-0 al Lyon y se proclamara campeón de la Ligue 1.

El 16 de mayo de 2013, Beckham anunció que se retiraría del fútbol profesional al final de la temporada de fútbol francés de ese año. Tras su decisión de retirarse al final de la temporada 2012-13, Beckham recibió unas botas especialmente diseñadas con los colores de la Union Jack para que las llevara en su último partido. Estas botas llevaban cosidos los nombres de su mujer y sus hijos. El 18 de mayo de 2013, Beckham fue nombrado capitán en su último partido en casa contra el Brest. En este partido, Beckham asistió a un gol de Matuidi tras un saque de esquina. Beckham fue sustituido en el minuto 80, recibiendo abrazos de sus compañeros y del entrenador, así como una gran ovación de los aficionados. El PSG ganó el partido por 3-1.

Carrera internacional

Beckham debutó con Inglaterra el 1 de septiembre de 1996, en un partido de clasificación para la Copa Mundial de la FIFA contra Moldavia. En junio de 1997, participó en el Tournoi de France, el torneo internacional amistoso de fútbol celebrado en Francia como preparación para la Copa Mundial de la FIFA 1998.

Copa Mundial de la FIFA 1998

Beckham jugó todos los partidos de clasificación de Inglaterra para la Copa Mundial de la FIFA 1998 y formó parte de la lista de 23 convocados para la fase final de Francia, pero el seleccionador Glenn Hoddle le acusó públicamente de no concentrarse en el torneo, y no fue titular en ninguno de los dos primeros partidos de Inglaterra. Fue convocado para el tercer partido, contra Colombia, y marcó un gol de falta desde 30 metros en la victoria por 2-0, que supuso su primer tanto con Inglaterra.

En la segunda ronda (octavos de final) de esa competición, recibió una tarjeta roja en el partido de Inglaterra contra Argentina. Beckham, tras recibir una falta de Diego Simeone, le dio una patada en el suelo, golpeándole en la pantorrilla. *Sports Illustrated* criticó la teatralidad del argentino en aquel incidente, afirmando que Simeone primero lanzó un "desafío de mano dura" sobre Beckham, y luego "cayó como una tonelada de ladrillos" cuando Beckham tomó represalias. Más tarde, Simeone admitió haber intentado expulsar a Beckham al reaccionar de forma exagerada a la patada y después, junto con otros miembros de su equipo, instar al árbitro a que expulsara a Beckham. El partido terminó en empate, e Inglaterra fue eliminada en la tanda de penaltis. Muchos aficionados y periodistas culparon a Beckham de la eliminación de Inglaterra y éste se convirtió en blanco de críticas e insultos, como la colocación de una efigie en la puerta de un pub londinense y la impresión por parte del *Daily Mirror* de una diana con una foto suya centrada en la diana. También recibió amenazas de muerte después del Mundial.

Eurocopa 2000 y capitanía de Inglaterra

Los insultos que Beckham recibía de los aficionados ingleses alcanzaron su punto álgido durante la derrota de Inglaterra por 3-2 ante Portugal en la Eurocopa 2000, un partido en el que Beckham marcó dos goles, cuando un grupo de seguidores ingleses se mofó de él durante todo el encuentro. Beckham respondió levantando el dedo corazón y, aunque el gesto suscitó algunas críticas, muchos de los periódicos que antes habían alentado su vilipendio pidieron a sus lectores que dejaran de insultarle.

El 15 de noviembre de 2000, tras la dimisión de Kevin Keegan como seleccionador de Inglaterra en octubre, Beckham fue ascendido a capitán del equipo por el seleccionador interino Peter Taylor, y luego mantuvo el cargo con el nuevo seleccionador Sven-Göran Eriksson.

Beckham desempeñó un papel fundamental en la clasificación de Inglaterra para la Copa Mundial de la FIFA 2002, protagonizando una impresionante victoria por 5-1 sobre Alemania en Múnich. El paso definitivo en la conversión de Beckham de villano a héroe nacional se produjo en el último partido de clasificación de Inglaterra, contra Grecia, el 6 de octubre de 2001. Inglaterra necesitaba ganar o empatar el partido para clasificarse directamente para el Mundial, pero perdía por 2-1 cuando quedaba poco tiempo. Cuando Teddy Sheringham cometió una falta a ocho metros del área griega, Inglaterra dispuso de un lanzamiento de falta y Beckham aseguró la clasificación de Inglaterra con un golazo que se había convertido en su seña de identidad. Beckham fue elegido Personalidad Deportiva del Año 2001 por la BBC, y quedó segundo, por detrás del portugués Luís Figo, en la elección del Jugador Mundial de la FIFA.

Copa Mundial de la FIFA 2002 y Eurocopa 2004

Beckham estaba parcialmente recuperado para la Copa Mundial de 2002, celebrada en Japón y Corea del Sur, y jugó el primer partido contra Suecia. Tras los sucesos de cuatro años antes, Beckham logró cierta revancha sobre Argentina al marcar el gol de la victoria de penalti. Inglaterra derrotó a Dinamarca en la segunda ronda, y Beckham dio una asistencia en la victoria por 3-0. Inglaterra fue eliminada en cuartos de final por Brasil, a la postre campeón, tras marcar Ronaldinho el gol de la victoria.

Al mes siguiente, en la ceremonia de inauguración de los Juegos de la Commonwealth de 2002 en Manchester, Beckham escoltó a Kirsty Howard en la entrega del bastón de mando del Jubileo a la Reina. Beckham jugó todos los partidos de Inglaterra en la Eurocopa 2004. Detuvo un penalti en la derrota por 2-1 de Inglaterra ante Francia y falló otro en la tanda de penales de cuartos de final contra Portugal. Inglaterra perdió la tanda y quedó eliminada de la competición.

Beckham se convirtió en Embajador de Buena Voluntad de UNICEF en enero de 2005 y participó en la promoción de la exitosa candidatura de Londres para los Juegos Olímpicos de 2012. En octubre de 2005, la expulsión de Beckham contra Austria le convirtió en el primer capitán de Inglaterra expulsado y en el primer jugador expulsado dos veces con la selección inglesa. Al mes siguiente fue capitán de Inglaterra por quincuagésima vez en un amistoso internacional contra Argentina.

Copa Mundial de la FIFA 2006

En el partido inaugural de Inglaterra en la Copa Mundial de 2006, contra Paraguay el 10 de junio de 2006, un tiro libre de Beckham provocó un gol en propia meta de Carlos Gamarra, que dio la victoria a Inglaterra por 1-0. En el siguiente partido de Inglaterra, disputado contra Trinidad y Tobago el 15 de junio de 2006, un centro de Beckham en el minuto 83 dio lugar a un gol de Peter Crouch, que puso a Inglaterra por delante 1-0. Beckham dio otra asistencia a Steven Gerrard. Al final ganaron 2-0. Fue nombrado Jugador del Partido por Budweiser, patrocinador del torneo.

Durante el partido de segunda ronda de Inglaterra contra Ecuador, Beckham marcó de falta en el minuto 59, convirtiéndose en el primer jugador inglés en marcar en tres Mundiales distintos, y dando a Inglaterra la victoria por 1-0 y el pase a cuartos de final. Estuvo enfermo antes del partido y vomitó varias veces como consecuencia de la deshidratación y la enfermedad que contrajo tras haber marcado el gol de la victoria para Inglaterra. En cuartos de final, contra Portugal, Beckham fue sustituido por una lesión poco después del descanso y la selección inglesa perdió el partido en la tanda de penaltis (3-1), tras el 0-0 de la prórroga. Tras su sustitución, Beckham se mostró visiblemente conmocionado y emocionado por no poder jugar, llegando a llorar en un momento dado.

Un día después de que Inglaterra quedara eliminada del Mundial, un emocionado Beckham declaró en rueda de prensa que había renunciado a la capitanía de Inglaterra, afirmando: "Ha sido un honor y un privilegio capitanear a mi país pero, tras haber sido capitán durante 58 de mis 95 partidos, creo que ha llegado el momento de pasar el brazalete al entrar en una nueva era bajo la dirección de Steve McClaren". (Beckham había disputado 94 partidos con la selección hasta ese momento.) Le sucedió el capitán del Chelsea, John Terry.

Tras renunciar a su puesto de capitán después de la Copa Mundial, Beckham fue descartado por completo de la selección nacional de Inglaterra elegida por el nuevo seleccionador Steve McClaren el 11 de agosto de 2006. McClaren dijo que estaba "buscando ir en una dirección diferente" con el equipo, y que Beckham "no estaba incluido dentro de eso". McClaren dijo que Beckham podría volver a ser convocado en el futuro. Shaun Wright-Phillips, Kieran Richardson y la alternativa a Beckham en la Copa Mundial, Aaron Lennon, estaban incluidos, aunque McClaren optó finalmente por emplear a Steven Gerrard en esa función.

Después de la Copa del Mundo de 2006

El 26 de mayo de 2007, McClaren anunció que Beckham volvería a la selección inglesa por primera vez desde su dimisión como capitán. Beckham fue titular contra Brasil en el primer partido de Inglaterra en el nuevo estadio de Wembley y tuvo una actuación positiva. En la segunda parte, marcó el gol de Inglaterra, transformado por el capitán John Terry. Parecía que Inglaterra se llevaría la victoria sobre Brasil, pero el recién llegado Diego empató en los últimos segundos. En el siguiente partido de Inglaterra, un encuentro de clasificación para la Eurocopa 2008 contra Estonia, Beckham envió dos asistencias marca de la casa para Michael Owen y Peter Crouch, que ayudaron a Inglaterra a imponerse por 3-0. Beckham había asistido en tres de los cuatro goles totales de Inglaterra en esos dos partidos, y declaró su deseo de seguir jugando con Inglaterra tras su fichaje por la Major League Soccer.

El 22 de agosto de 2007, Beckham jugó un amistoso con Inglaterra contra Alemania, convirtiéndose en el primero en jugar con Inglaterra con un equipo no europeo. El 21 de noviembre de 2007, Beckham disputó su partido número 99 con la selección inglesa contra Croacia, en el que marcó el gol del empate a 2-2 obra de Peter Crouch. Tras la derrota por 2-3, Inglaterra no se clasificó para la fase final de la Eurocopa 2008. A pesar de ello, Beckham declaró que no tenía planes de retirarse del fútbol internacional y que quería seguir jugando con la selección. Tras ser descartado por el nuevo seleccionador de Inglaterra y antiguo entrenador de Beckham en el Real Madrid, Fabio Capello, para un amistoso contra Suiza que le habría dado su partido número cien con la selección, Beckham admitió que no estaba en forma en ese momento, ya que llevaba tres meses sin jugar un partido de competición.

100 internacionalidades con Inglaterra, última aparición

El 20 de marzo de 2008, Capello convocó a Beckham a la selección inglesa para el amistoso contra Francia del 26 de marzo en París. Beckham se convirtió en el quinto inglés en ganar 100 convocatorias. El 25 de marzo de 2008, Capello había insinuado que Beckham tenía un futuro a largo plazo en su equipo, antes de los cruciales partidos de clasificación para el Mundial de 2010.

El 11 de mayo de 2008, Capello incluyó a un Beckham en plena forma en su lista de 31 jugadores para enfrentarse a Estados Unidos en Wembley el 28 de mayo, antes del partido fuera de casa contra Trinidad y Tobago el 1 de junio. Beckham, que lució unas botas doradas para la ocasión, recibió antes del partido una gorra de oro honorífica de manos de Bobby Charlton, en representación de su partido número 100 con la selección, y fue ovacionado por el público. Jugó bien y asistió a John Terry en el gol de la victoria. Cuando fue sustituido en el descanso por David Bentley, el público favorable a Beckham abucheó la decisión. Por sorpresa, Capello cedió a Beckham la capitanía del amistoso que Inglaterra disputó contra Trinidad y Tobago el 1 de junio de 2008. Aquel partido fue el primero desde la Copa Mundial de 2006 en el que Beckham capitaneó a Inglaterra, y marcó un giro espectacular para Beckham. En dos años, había pasado de ser descartado por completo de la selección inglesa a ser restituido (aunque temporalmente) como capitán de Inglaterra.

En el partido de clasificación para la Copa Mundial de 2010 contra Bielorrusia, que Inglaterra ganó por 3-1 en Minsk, Beckham salió del banquillo en el minuto 87 y sumó su partido número 107 con la selección inglesa, convirtiéndose así en el tercer jugador con más internacionalidades de la historia, superando de paso a Bobby Charlton. El 11 de febrero de 2009, Beckham igualó el récord de 108 internacionalidades de un jugador de campo inglés que ostentaba Bobby Moore, sustituyendo a Stewart Downing en un amistoso contra España. El 28 de marzo de 2009, Beckham superó el récord de Moore al entrar como suplente en un amistoso contra Eslovaquia, dando la asistencia del gol de Wayne Rooney. En total, Beckham había disputado 16 de los 20 partidos posibles con Inglaterra a las órdenes de Capello, hasta que la rotura del tendón de Aquiles que sufrió en marzo de 2010 lo dejó fuera de la selección para la Copa Mundial de la FIFA Sudáfrica 2010. Su último partido con Inglaterra antes de lesionarse había sido el 14 de octubre de 2009, como suplente en el último encuentro de clasificación de

Inglaterra para el Mundial, que acabó con un 3-0 a Bielorrusia.

Tras una pobre actuación de Inglaterra en el Mundial, Capello permaneció como seleccionador, pero se vio presionado para renovar el equipo inglés de cara a la inminente campaña de clasificación para la Eurocopa 2012. Presentó un nuevo equipo en el siguiente partido de Inglaterra, un amistoso en casa contra Hungría el 11 de agosto de 2010, con Beckham todavía no disponible para la selección, pero con el objetivo de volver a jugar en la MLS al mes siguiente. En la entrevista posterior al partido, Capello dijo lo siguiente sobre la posibilidad de que Beckham, que ahora tiene 35 años, jugara en el futuro algún partido oficial con Inglaterra: "Tengo que cambiarlo. David es un jugador fantástico, pero creo que necesitamos nuevos jugadores para el futuro", en referencia a los nuevos futbolistas que ocupan la posición de Beckham en el centro del campo derecho, entre ellos Theo Walcott y Adam Johnson, y añadió: "Este es el futuro del equipo bajo Fabio Capello u otro entrenador". Dijo que Beckham podría ser seleccionado para un último partido amistoso, afirmando: "Si está en forma, espero que juguemos un partido más aquí en Wembley para que los aficionados puedan despedirse." En respuesta a los comentarios, el agente de Beckham emitió un comunicado reiterando la postura de Beckham de que no tenía ningún deseo de retirarse del fútbol internacional, y que siempre estaría disponible para la selección de Inglaterra si estuviera en forma y si fuera necesario.

Beckham se quedó a diez partidos del récord de 125 partidos del guardameta Peter Shilton, para un jugador de cualquier posición. Beckham fue incluido en la lista provisional de convocados para representar a la selección olímpica de fútbol de Gran Bretaña en los Juegos Olímpicos de 2012. No fue incluido en la selección final por el seleccionador Stuart Pearce, mientras que Andy Hunt, el jefe de la Asociación Olímpica Británica, se puso en contacto con los representantes de Beckham para que se le relacionara con el Equipo GB de forma más amplia.

Perfil del jugador

Estilo de juego

A lo largo de su carrera, Beckham fue considerado uno de los mejores y más reconocidos jugadores de su generación, así como uno de los mayores exponentes del lanzamiento de faltas de todos los tiempos. En septiembre de 2023, Beckham ocupaba el quinto puesto de todos los tiempos (junto a Lionel Messi) en goles marcados de falta directa, con 65 tantos. Además, Beckham ha sido considerado por algunos expertos como uno de los mejores centrocampistas extremos de todos los tiempos. Predominantemente diestro, su variedad de pases, su visión de juego, su capacidad para centrar y sus lanzamientos de falta con efecto le permitían crear ocasiones para sus compañeros o marcar goles, atributos que le hacían destacar como extremo derecho, a pesar de su falta de velocidad significativa. A diferencia de su compañero en el Manchester United Ryan Giggs, en la banda opuesta, Beckham prefería superar a los jugadores con sus movimientos y pases, en lugar de atacar directamente a los rivales con el balón. Durante su estancia en el club, formó una sólida pareja en la banda derecha con el lateral Gary Neville, gracias a su compenetración y a la habilidad de Neville para adelantarse con sus desbordes, llegar al final de los pases de Beckham y enviar centros al área cuando éste estaba muy marcado.

Aunque Beckham jugaba principalmente en la banda derecha, también fue utilizado como centrocampista central a lo largo de su carrera (ocasionalmente con el Manchester United, pero sobre todo con el Real Madrid y el AC Milan), y en contadas ocasiones como mediapunta, sobre todo en los últimos años de su carrera, para compensar su declive físico con la edad. Beckham consideraba que su mejor posición era la derecha, aunque personalmente prefería jugar en el centro. Además de sus pases, sus centros y su habilidad en las jugadas a balón parado, Beckham también destacaba por su resistencia y su trabajo defensivo sobre el terreno de juego, ya que en su juventud jugó tanto de centrocampista ofensivo como de centrocampista de área. Además, era un certero lanzador de balones lejanos y un competente lanzador de penaltis. También fue elogiado por los medios de comunicación por su control del balón y su capacidad para crear espacios en el campo, así como por su anticipación, compostura, determinación, atletismo, dedicación e inteligencia como futbolista.

Enfoque de la formación y elogios de los directivos

Beckham fue un producto del enfoque trabajador de Sir Alex Ferguson en el Manchester United. Ferguson decía que Beckham "practicaba con una disciplina para lograr una precisión que a otros jugadores les daba igual". Al parecer, Beckham pasaba horas practicando sus lanzamientos de falta después de terminar los entrenamientos.

Beckham mantuvo su rutina de entrenamiento en el Real Madrid e incluso cuando su relación con la directiva se tensó a principios de 2007, el presidente del Real Madrid, Ramón Calderón, y el entrenador, Fabio Capello, elogiaron a Beckham por mantener su profesionalidad y compromiso con el club. Roberto Carlos, compañero de Beckham en el Real Madrid, consideraba a Beckham el mejor lanzador de faltas que había visto nunca. Roberto Carlos, dos de los mejores exponentes de los tiros libres de su generación, comentó el dilema al que se enfrentaba el equipo cuando ganaba un tiro libre al borde del área: "Yo me ponía a un lado y Beckham al otro, pero quería ver a Beckham lanzar la falta porque es precioso cómo golpea el balón". Durante la etapa de Beckham en el Milan, su entrenador, Carlo Ancelotti, alabó al inglés por su inteligencia y su ritmo de trabajo, en particular por las mejoras que demostró en los aspectos técnico y táctico de su juego, que le permitieron compensar su pérdida de velocidad.

Su ex seleccionador de Inglaterra, Steve McClaren, declaró: "He tenido la suerte de trabajar con grandes jugadores y él [Beckham] era uno de ellos. Era un gran jugador, que sacaba el máximo partido de su talento a base de trabajo duro, profesionalidad y siempre haciendo un esfuerzo extra en el campo de entrenamiento. Inspiraba a sus compañeros con sus actuaciones, era un ganador. Era un líder, la gente le seguía". El entrenador del Arsenal, Arsène Wenger, declaró: "Lo que queda en la memoria es su auténtico compromiso y dedicación, su humildad natural que siempre tuvo, eso quedará para siempre".

En mayo de 2013, preguntado sobre cómo quería ser recordado en su retirada, Beckham dijo: "Sólo quiero que la gente me vea como un futbolista trabajador, alguien apasionado por el juego, alguien que -cada vez que he pisado el terreno de juego- he dado todo lo que tengo, porque así es como me siento. Así es como miro atrás y espero que la gente me vea".

Disciplina

Al principio de su carrera, la disciplina de Beckham durante los partidos fue cuestionada en ocasiones por los medios de comunicación, debido a su temperamento, así como a su tendencia a cometer imprudencias y a recibir amonestaciones innecesarias. Beckham fue el primer jugador inglés en recibir dos tarjetas rojas, y el primer capitán de Inglaterra en ser expulsado. Su expulsión más sonada se produjo en la Copa Mundial de 1998, tras una falta del argentino Diego Simeone: Beckham, tumbado boca abajo sobre el terreno de juego, propinó una patada al centrocampista argentino, que cayó estrepitosamente. Junto con Wayne Rooney, ostenta el récord de tarjetas rojas con la selección inglesa. Su segunda tarjeta roja con Inglaterra llegó el 8 de octubre de 2005, en un partido de clasificación para el Mundial de 2006 contra Austria en Manchester.

Su única tarjeta roja con el Manchester United se produjo el 6 de enero de 2000, en el Campeonato Mundial de Clubes de la FIFA 2000 contra el Necaxa. Durante su etapa en el Real Madrid, acumuló 41 tarjetas amarillas y cuatro rojas en la Liga; también recibió una tarjeta roja en un partido de la Copa del Rey contra el Valencia el 21 de enero de 2004, en Madrid. Su única tarjeta roja con el LA Galaxy se produjo el 15 de agosto de 2009, en una derrota por 2-0 en casa ante los Seattle Sounders en la MLS. Recibió una tarjeta roja mientras estaba en el París Saint-Germain - recogida en el tiempo de descuento - en un partido contra el Evian el 28 de abril de 2013. Entre 2000 y 2013, Beckham jugó 572 partidos oficiales con Inglaterra, Milán, LA Galaxy, Manchester United, Real Madrid y PSG, y recibió nueve tarjetas rojas, una cada 63-64 partidos, de media.

Recepción

A pesar de su éxito, su popularidad y su habilidad como futbolista, a lo largo de su carrera Beckham fue objeto de críticas divididas entre las figuras del deporte y los aficionados, en parte -como señala Subhankar Mondal, de Goal- debido a sus aventuras fuera del terreno de juego y a la amplia cobertura que recibió su vida personal. Su ex entrenador en el Manchester United, Alex Ferguson, especuló en 2007 que el creciente estatus de celebridad de Beckham, en particular tras su publicitada relación con su futura esposa Victoria, había tenido un impacto negativo en su carrera como futbolista. En 2015, además, afirmó que sólo había entrenado a cuatro jugadores de clase mundial durante su etapa en el United, excluyendo a Beckham de la lista, comentando: "No quiero desmerecer ni criticar a ninguno de los grandes o muy buenos futbolistas que jugaron para mí durante mis 26 años de carrera en el United, pero sólo hubo cuatro de clase mundial: Cantona, Giggs, Cristiano Ronaldo y Scholes".

Tras su marcha al LA Galaxy, *El País reflexionó* sobre la dicotomía de la carrera como jugador de Beckham y su estatus fuera de los terrenos de juego, describiéndole como "la gran paradoja del fútbol mundial", añadiendo también: "Es el mayor icono del planeta y causa del delirio en los medios y en la calle, el mayor modelo de pasarela que existe. Y, sin embargo, ha sido una antidiva. Era el más galáctico de los galácticos fuera del terreno de juego, pero el más grande de los terrícolas cuando pisaba el campo". En cuanto a la habilidad de Beckham para el cruce, Rob Smyth, de *The Guardian,* dijo en 2014: "era un gran centrador y tal vez el mejor de todos los tiempos", señalando también que "era un especialista del balón muerto y también del balón agónico: [...] sus centros característicos en juego abierto implicaban un balón que apenas se movía, lo que le permitía utilizar la misma técnica que con los saques de esquina y los lanzamientos de falta." Nigel Reed, de CBC Sports, comentó la carrera de Beckham y su estatus de celebridad, afirmando: "Su marca es global, su atractivo universal. Desató el debate y polarizó la opinión. Pero por debajo del brillo era, ante todo, un muy buen futbolista". También añadió que, aunque en su opinión "Beckham no era el mejor jugador de su generación", creía que tenía la capacidad de cambiar partidos, y lo describió como "maestro de su arte y un oponente letal", cuyo "talento sólo era superado por su pasión".

Actividades relacionadas con el fútbol

Academia David Beckham

En 2005, Beckham fundó la escuela de fútbol David Beckham Academy, que operaba desde dos sedes, en Londres y Los Ángeles. A finales de 2009 se anunció el cierre de ambas. Beckham está desarrollando una academia móvil que recorrerá el Reino Unido y otros países.

Inter Miami

El 5 de febrero de 2014, la MLS anunció que Beckham había ejercido su opción de compra de un equipo de expansión de la MLS por 25 millones de dólares, que había recibido como parte del contrato que firmó con el LA Galaxy en 2007. El grupo propietario, liderado por Beckham, esperaba inicialmente que el equipo con sede en Miami comenzara a jugar en 2016 o 2017. Después de retrasos en el acuerdo del estadio, la MLS anunció en enero de 2018 que el equipo había sido aprobado y que probablemente comenzaría a jugar en 2020. El nombre y el escudo del equipo se revelaron el 5 de septiembre. El Club Internacional de Fútbol Miami -más conocido como Inter Miami- está representado por un escudo negro con adornos rosa neón y garzas cuyas patas se entrelazan para formar una "M" de Miami.

El club debutó en la MLS el 1 de marzo de 2020 con una derrota a domicilio por 1-0 ante Los Ángeles.

Salford City

En enero de 2019 se anunció que Beckham se uniría a sus compañeros de la Clase del 92 como copropietario del club inglés no perteneciente a la liga Salford City, adquiriendo el 10% del club que anteriormente estaba en manos de Peter Lim, estando el acuerdo sujeto a la aprobación de la Asociación de Fútbol. El 31 de enero, el club anunció que la FA había aprobado su nombramiento como director del club.

Vida privada

En 1997, Beckham empezó a salir con Victoria Adams después de que ésta asistiera a un partido del Manchester United. Ella era famosa por ser "Posh Spice" del grupo de música pop Spice Girls, uno de los más importantes del mundo en aquella época, y su equipo también disfrutaba de una gran racha de éxitos. Por ello, su relación atrajo al instante una gran atención mediática. Los medios apodaron a la pareja "Posh y Becks". Él le propuso matrimonio el 24 de enero de 1998 en un restaurante de Cheshunt (Inglaterra). Su primer hijo nació catorce meses después.

El 4 de julio de 1999 se casaron en el castillo irlandés de Luttrellstown. Gary Neville, compañero de equipo de Beckham, fue el padrino, y el hijo de la pareja, Brooklyn, de cuatro meses, fue el portador del anillo. Los medios de comunicación se mantuvieron alejados de la ceremonia, ya que los Beckham tenían un acuerdo de exclusividad con la *revista OK*, pero los periódicos pudieron obtener fotografías en las que aparecían sentados en tronos dorados. Se emplearon 437 personas en el banquete, cuyo coste se estima en 500.000 libras.

David y Victoria Beckham tienen cuatro hijos: Brooklyn Joseph (nacido el 4 de marzo de 1999 en el Hospital de

Portland, Londres), Romeo James (nacido el 1 de septiembre de 2002 en el Hospital de Portland, Londres), Cruz David (nacido el 20 de febrero de 2005 en el Hospital Ruber Internacional, Madrid), y la hija Harper Seven (nacida el 10 de julio de 2011 en el Cedars-Sinai Medical Center, Los Ángeles). Elton John es padrino de Brooklyn y Romeo Beckham; su madrina es Elizabeth Hurley. Harper y Cruz fueron bautizados como católicos en Holy Trinity, Chipping Norton; entre sus padrinos estaban Eva Longoria y Marc Anthony.

Los tres hijos de Beckham han jugado al fútbol en la academia del Arsenal. Brooklyn jugó al fútbol con la sub-16 del Arsenal hasta el final de la temporada 2014-15. Al igual que su padre, Brooklyn y Romeo han trabajado como modelos y han sido nombrados entre los hombres británicos mejor vestidos de *GQ*.

Al principio de su carrera en el Manchester United, Beckham vivía en una casa de cuatro dormitorios en Worsley que compró directamente al promotor inmobiliario cuando tenía 20 años, en 1995. En 1999, poco después de su boda, él y Victoria compraron una casa de campo de 10 hectáreas en Sawbridgeworth, Hertfordshire, a la que los medios apodaron "Palacio de Beckingham".

Conocido por el apodo de "Balones de Oro", Beckham adquirió el nombre de Victoria, quien lo reveló en la televisión nacional en 2008 mientras le elogiaba por haber reconstruido su reputación tras el Mundial de 1998.

Beckham padece un trastorno obsesivo compulsivo (TOC) que, según dice, le hace "tenerlo todo en línea recta o que todo tenga que ir de dos en dos". afirmó Victoria: "Si abres nuestra nevera, está todo coordinado a ambos lados. Tenemos tres frigoríficos: comida en uno, ensalada en otro y bebidas en el tercero. En el de las bebidas, todo es simétrico. Si hay tres latas, tira una porque tiene que ser un número par".

Acérrima monárquica, Beckham hizo cola durante 13 horas en septiembre de 2022 para ver a la Reina Isabel II yaciendo en estado de gracia en Westminster Hall tras su muerte, después de rechazar la oportunidad de saltársela.

En abril de 2004, el tabloide británico *News of the World* publicó unas declaraciones de la ex asistente personal de Beckham, Rebecca Loos, en las que afirmaba que ella y Beckham habían mantenido una relación extramatrimonial. Una semana después, la modelo australiana de origen malasio Sarah Marbeck afirmó que se había acostado con Beckham en dos ocasiones. Beckham tachó ambas afirmaciones de "absurdas".

Cuestiones jurídicas

En septiembre de 2010, Beckham anunció que iba a presentar una demanda contra la prostituta Irma Nici y otras personas por las afirmaciones de la revista *In Touch* de que había mantenido relaciones sexuales con ella. Su demanda fue desestimada en virtud de las leyes estadounidenses sobre libertad de expresión, y la revista aceptó posteriormente que las acusaciones contra Beckham eran falsas.

El 9 de mayo de 2019, en el Tribunal de Magistrados de Bromley, Beckham fue inhabilitado para conducir durante seis meses. Anteriormente se declaró culpable de usar un teléfono móvil mientras conducía su Bentley en el centro de Londres el 21 de noviembre de 2018. El tribunal escuchó que fue fotografiado por un miembro del público sosteniendo un teléfono mientras conducía en un tráfico "lento". Beckham recibió seis puntos en su licencia, que se suman a los seis que ya tenía por asuntos anteriores de exceso de velocidad. También se le impuso una multa de 750 libras y se le ordenó pagar 100 libras en concepto de costas procesales y un recargo de 75 libras en un plazo de siete días.

Tatuajes

A partir de 2021, Beckham tiene más de 65 tatuajes que cubren gran parte de su cuerpo, incluidos tatuajes en las manos, el cuello y la cabeza. Hay nombres de sus hijos Romeo, Cruz y Brooklyn, y de su esposa Victoria. El nombre de su esposa, tatuado en su antebrazo izquierdo, está en escritura devanagari (utilizada para los idiomas hindi y sánscrito, entre otros) porque Beckham pensó que sería "de mal gusto" tenerlo en inglés. Sin embargo, se escribió erróneamente como el equivalente de "Vhictoria". En su autobiografía *David Beckham: My Side*, contó que la idea de hacerse tatuajes se le ocurrió en 1999, después de que naciera su hijo Brooklyn, tras una conversación sobre el tema de los tatuajes con Mel B y su entonces marido, Jimmy Gulzar. Beckham dijo: "Cuando me ves, ves los tatuajes. Ves una expresión de lo que siento por Victoria y los chicos. Son parte de mí".

También ha añadido varios tatuajes que rinden homenaje a su hija, Harper, así como varios tatuajes con significado religioso. En 2018, Beckham amplió su colección con un tatuaje de un sistema solar que cubre el lado izquierdo de su cuero cabelludo. Muchos de los tatuajes de Beckham fueron completados por el tatuador Louis Molloy, afincado en Manchester.

Celebridades y asociaciones comerciales

La relación y el matrimonio de Beckham con Victoria, famosa por derecho propio como parte de las Spice Girls, contribuyeron a su celebridad más allá del fútbol.

Beckham se dio a conocer como icono de la moda y, junto con Victoria, la pareja se convirtió en lucrativos portavoces solicitados por diseñadores de ropa, especialistas en salud y fitness, revistas de moda y fabricantes de perfumes y cosméticos. Entre sus primeras colaboraciones figura la marca británica de productos para el cabello Brylcreem, por 4 millones de libras en 1997, que le hizo aparecer en anuncios en el Reino Unido. En 2002 fue aclamado como el "metrosexual" definitivo por el hombre que inventó el término, y así ha sido descrito en numerosos artículos desde entonces. Los medios de comunicación se hicieron eco de los distintos peinados que lució a lo largo de su carrera: corte al rape, mohawk y coleta.

Aunque heterosexual, Beckham cortejó activamente a los seguidores gays y apoyó abiertamente a los medios de comunicación homosexuales, prefiriendo conceder entrevistas a publicaciones que apoyaban a la comunidad LGBTQ. Llegó a ser llamado "icono gay" -término que él acepta- por su popularidad y apoyo entre la comunidad homosexual. Sin embargo, este honorífico calificativo ha estado en disputa desde que Beckham firmó un acuerdo con Qatar para convertirse en embajador de marca de la Copa Mundial de la FIFA 2022. Qatar persigue a las personas LGBT, lo que ha provocado que muchos seguidores homosexuales de Beckham y figuras públicas LGBTQ como Joe Lycett y Josh Cavallo exijan que se anule su estatus de icono gay. Beckham defendió su condición de embajador de la marca en un comunicado el 18 de noviembre, afirmando que la Copa Mundial será "[una plataforma para] el progreso, la inclusión y la tolerancia". El 20 de noviembre, Lycett respondió en un livestream apareciendo destrozando 10.000 libras esterlinas que había prometido que se destinarían a obras benéficas si Beckham se retiraba del acuerdo, lo que Lycett reveló más tarde que había falsificado.

Los Beckham cobraron 13,7 millones de dólares en 2007 por lanzar su línea de fragancias en Estados Unidos En el mundo de la moda, David ha aparecido en las portadas de muchas revistas. En Estados Unidos ha sido portada de la revista masculina *Details*, y con Victoria en el número de agosto de 2007 de *W*. Según Google, en 2003 y 2004 se buscó "David Beckham" más que cualquier otro tema deportivo en su sitio web. Según Ask Jeeves, Beckham ocupó el tercer lugar, tras Britney Spears y Osama bin Laden, entre los temas más buscados por los usuarios británicos de ese sitio en la primera década del 2000.

A su llegada a Los Ángeles el 12 de julio de 2007, la noche anterior a la presentación oficial de Beckham, el Aeropuerto Internacional de Los Ángeles se llenó de paparazzi y periodistas. A la noche siguiente, Victoria apareció en *The Tonight Show* con Jay Leno para hablar de su traslado a Los Ángeles, y regaló a Leno una camiseta del Galaxy con el número 23 y su propio nombre en la espalda. Victoria también habló de su programa de televisión en la NBC *Victoria Beckham: Coming to America*. El 22 de julio, la pareja celebró una fiesta privada de bienvenida en el Museo de Arte Contemporáneo de Los Ángeles. A la fiesta asistieron Steven Spielberg, Jim Carrey, George Clooney, Tom Cruise, Katie Holmes, Will Smith, Jada Pinkett Smith y Oprah Winfrey.

Los numerosos contratos de patrocinio de Beckham le convierten en uno de los deportistas más reconocidos en todo el mundo. Tras haber llevado botas de fútbol Adidas desde el principio de su carrera (sobre todo Adidas Predator), en 2003 firmó un contrato vitalicio con Adidas por valor de 160 millones de dólares, por el que ganaría casi la mitad del dinero por adelantado, y seguiría obteniendo porcentajes de los beneficios de todos los productos Adidas de su marca. Su anuncio de televisión de Adidas de 2004 "Kicking it", en el que aparece con el ganador de la Copa Mundial de Rugby de Inglaterra Jonny Wilkinson, fue votado como uno de los mejores anuncios británicos del año, y también figuró como uno de los grandes anuncios del siglo XXI en la actualización de 2004 de Channel 4 de Los 100 mejores anuncios de televisión. Tuvo una colaboración de 10 años con PepsiCo que expiró en 2009. También ha promocionado los parques temáticos de The Walt Disney Company. En abril de 2021 se convirtió en embajador mundial de Maserati. En 2023, como parte del nuevo programa de personalización de Maserati, "Fuoriserie Essentials", la marca italiana presenta su primera colección con su embajador David Beckham.

¡Beckham tiene varios videojuegos homónimos, como *Go! ¡Vamos! ¡Beckham! Adventure on Soccer Island*, un juego de plataformas para Game Boy Advance, y *David Beckham Soccer*, un juego de fútbol para varias plataformas, y fue embajador de marca del videojuego de ejercicio *EA Sports Active 2*. Beckham apareció en la serie de videojuegos *FIFA de EA Sports*; fue portada de la edición británica de *FIFA 98*. Durante su carrera como jugador (que terminó en mayo de 2013), Beckham generó unos mil millones de libras esterlinas en ventas de camisetas y botas. En 2006, Lloyd's of London aseguró sus piernas por 100 millones de libras, cuando jugaba en el Real Madrid.

Beckham desempeñó un papel fundamental para que los Juegos Olímpicos se celebraran en Londres en 2012, viajando con la delegación británica a Singapur en 2005 para la selección de la ciudad anfitriona. En la ceremonia de clausura de los Juegos Olímpicos de Pekín 2008, Beckham, Jimmy Page y Leona Lewis representaron a Gran Bretaña durante el segmento de entrega de los Juegos Olímpicos de 2012. Beckham entró en el estadio en un autobús londinense de dos pisos y Page y Lewis interpretaron "Whole Lotta Love". También participó en la ceremonia de inauguración de los Juegos Olímpicos de Londres 2012, llevando la llama olímpica al estadio en lancha rápida.

Beckham visitó Afganistán en mayo de 2010 para levantar la moral de las tropas británicas que luchan contra la insurgencia talibán. Se cree que la aparición de Beckham, así como de los ministros británicos de Asuntos Exteriores, William Hague, y de Defensa, Liam Fox, provocó un ataque talibán contra el aeródromo de Kandahar.

Las autoridades chinas nombraron a Beckham embajador mundial del fútbol chino en marzo de 2013. Tras la expulsión de numerosos oficiales por amaño de partidos y el fracaso de la Superliga china a la hora de retener los servicios de nombres internacionales de renombre, el papel de Beckham consistía en ayudar a mejorar la imagen del deporte rey y elevar su perfil tanto en China como en el extranjero.

A partir del 14 de julio de 2013, Beckham empezó a aparecer en anuncios para BSkyB, publicitando su cobertura de Sky Sports a través de la aplicación Sky Go. En enero de 2014, Beckham apareció en el programa *Late Night with Jimmy Fallon* de la NBC en Estados Unidos, y en marzo hizo una aparición como invitado en el especial Sport Relief de *Only Fools and Horses* de la BBC. Fue nombrado uno de los 50 británicos mejor vestidos de *GQ* en 2015.

En marzo de 2015, Beckham era el tercer deportista del mundo con más seguidores en las redes sociales, por detrás de Cristiano Ronaldo y Lionel Messi, con más de 52 millones de fans en Facebook. También tiene más de 80 millones de seguidores en Instagram, la quinta cifra más alta para un futbolista, por detrás de Cristiano Ronaldo, Messi, Neymar y Kylian Mbappé, y la segunda más alta para una persona del Reino Unido, después de Dua Lipa.

Durante el referéndum sobre la UE de 2016, Beckham expresó su oposición al Brexit (la salida del Reino Unido de la Unión Europea) declarando: "Por nuestros hijos y sus hijos deberíamos afrontar los problemas del mundo juntos y no solos. Por estas razones, voto por la permanencia". Beckham fue anunciada como nueva presidenta de embajadores del British Fashion Council el 11 de mayo de 2018. Antes de la votación de junio de 2018 de los países miembros de la FIFA para elegir la sede de la Copa Mundial de la FIFA 2026, Beckham respaldó la candidatura norteamericana (Canadá, México y Estados Unidos).

El antiguo club de Beckham, LA Galaxy, inauguró una estatua suya fuera de su estadio en marzo de 2019, la primera de este tipo en la MLS. Fue objeto de una broma de su amigo James Corden, que presentó una estatua falsa "horrible" antes de que se descubriera la verdadera.

En febrero de 2020, Beckham mencionó que disfruta pasando horas ensamblando piezas de Lego. En junio de 2020, Beckham se convirtió en propietario minoritario de la organización londinense de deportes electrónicos Guild Esports. En noviembre de 2020, EA Sports llegó a un acuerdo con Beckham para que apareciera en *FIFA 21, en* el que ganaría 40 millones de libras por un contrato de tres años. En junio de 2021, Beckham compró el 10% de la empresa de electrificación de vehículos Lunaz.

Filantropía

Beckham ha apoyado a UNICEF desde sus tiempos en el Manchester United y, en enero de 2005, el capitán de la selección inglesa se convirtió en Embajador de Buena Voluntad, con especial atención al programa Deporte para el Desarrollo de UNICEF. En 2012, se reunió con el Primer Ministro del Reino Unido, David Cameron, en el número 10 de Downing Street para pedir más medidas para ayudar a los niños afectados por la desnutrición en todo el mundo. En 2015, su décimo año como embajador de UNICEF, Beckham lanzó *7: The David Beckham UNICEF Fund* para ayudar a proteger a los niños en peligro. En junio de 2015 visitó Siem Reap, en Camboya, donde se reunió con niños víctimas de la violencia. Beckham ha prometido su apoyo a la campaña Únete por la niñez, únete con la juventud, únete para vencer al sida. Ha sido patrono de la Fundación Elton John contra el Sida. En 2013, también donó todo su salario de 3,4 millones de libras del París Saint-Germain a dos organizaciones benéficas para niños en Francia. Beckham lleva muchos años apoyando a la organización benéfica Help For Heroes, cuyo objetivo es ayudar a los soldados heridos en las guerras de Irak y Afganistán.

El 17 de enero de 2007, Rebecca Johnstone, una joven de 19 años de Hamilton (Ontario, Canadá) enferma de cáncer, recibió una llamada sorpresa de Beckham. Tras la conversación, le envió una camiseta del Real Madrid con su firma. Rebecca murió el 29 de enero de 2007. El 1 de julio de 2007, Beckham intervino como orador en el Concierto por Diana celebrado en el estadio londinense de Wembley para conmemorar la vida de la princesa Diana casi 10 años después de su muerte. Los beneficios del concierto se destinaron a las organizaciones benéficas de Diana y de sus hijos, los príncipes Guillermo y Harry.

Beckham es miembro fundador del Consejo de Liderazgo de Malaria No More UK y ayudó a lanzar la organización benéfica en 2009 con Andy Murray en el estadio de Wembley. Beckham también apareció en 2007 en un anuncio de servicio público para Malaria No More U.S., en el que anunciaba la necesidad de mosquiteras baratas. El anuncio de televisión se emitió en Estados Unidos en las cadenas Fox, incluido Fox Soccer Channel. En noviembre de 2014, Beckham diseñó una estatua del oso Paddington, una de las cincuenta creadas por varios famosos (entre ellos Emma Watson y Kate Moss) que se colocaron por Londres antes del estreno de la película *Paddington*. Las estatuas se subastaron para recaudar fondos para la Sociedad Nacional para la Prevención de la Crueldad contra los Niños (NSPCC).

Desde su llegada a la Major League Soccer, Beckham ha sido un defensor muy público en Estados Unidos de organizaciones benéficas relacionadas, como "MLS W.O.R.K.S.". El 17 de agosto de 2007, dirigió un clinic para jóvenes en Harlem, junto con otros jugadores actuales y antiguos de la MLS. Fue antes de su primer partido en el área de Nueva York, al día siguiente contra los New York Red Bulls. Los jugadores de ese equipo Jozy Altidore y Juan Pablo Ángel también estuvieron con Beckham, enseñando técnicas a jóvenes desfavorecidos en beneficio del FC Harlem Lions.

Apariciones en películas

Beckham nunca apareció personalmente en la película *Bend It Like Beckham* (2002), salvo en imágenes de archivo. Él y su mujer querían aparecer en un cameo, pero la agenda resultó difícil, así que el director recurrió a Andy Harmer en su lugar.

Beckham hace un cameo con Zinedine Zidane y Raúl, en la película *Goal!* de 2005. Harmer también le dobla en la escena de la fiesta. El propio Beckham aparece en la secuela Goal *II: Vivir el sueño* en un papel más importante, cuando el protagonista de la película es traspasado al Real Madrid. Esta vez, la historia se centra en el equipo del Real Madrid, con otros jugadores del Madrid que también aparecen dentro y fuera del campo, junto a los personajes de ficción. Utilizando imágenes de archivo de la Copa Mundial de la FIFA 2006, Beckham apareció en *Goal III: Taking on the World*, que se publicó directamente en DVD el 15 de junio de 2009.

En 2013, la revista de negocios británica *Marketing Week* escribió sobre sus "habilidades interpretativas algo limitadas". Gracias a su amistad con Guy Ritchie, ha hecho dos cameos en sus películas: como proyeccionista en *El hombre de U.N.C.L.E.* (basada en la serie de televisión homónima de MGM de 1964) y como Trigger en *El rey Arturo: La leyenda de la espada*.

Beckham ha seguido el juego a las bromas sobre su voz. En una promoción de 2018 de *Deadpool 2*, se ve a Beckham viendo la primera entrega de la franquicia cinematográfica en la que el personaje de Ryan Reynolds compara la voz de Beckham con inhalar helio. Se ve a Beckham poniendo los ojos en blanco ante la burla de la voz antes de recibir un mensaje de disculpa de Deadpool. Beckham abre la puerta al antihéroe, que le regala leche y galletas, antes de que Deadpool vuelva a llamar y le regale un montón de globos rojos llenos de helio.

Matrícula de honor

Manchester United

- Premier League: 1995-96, 1996-97, 1998-99, 1999-2000, 2000-01, 2002-03

- Copa FA: 1995-96, 1998-99

- FA Charity Shield: 1996, 1997

- Liga de Campeones de la UEFA: 1998-99

- Copa Intercontinental: 1999

Real Madrid

- La Liga: 2006-07

- Supercopa de España: 2003

LA Galaxy

- Copa MLS: 2011, 2012

    o Conferencia Oeste (temporada regular): 2009, 2010, 2011

    o Conferencia Oeste (playoffs): 2009, 2011, 2012

- Escudo de los Aficionados: 2010, 2011

París Saint-Germain

- Ligue 1: 2012-13

Individual

- Jugador Mundial de la FIFA - Premio de Plata: 1999, 2001

- Mayor número de asistencias en la Premier League: 1997-98, 1999-2000 *(compartida)*, 2000-01

- Jugador del mes de la Premier League: Agosto 1996

- Jugador Joven del Año de la PFA: 1996-97

- Premio Homenaje de la FWA: 2008

- Sir Matt Busby Jugador del Año: 1996-97

- Jugador inglés del año: 2003

- Equipo ESM del año: 1998-99

- Futbolista del Año de la UEFA: 1998-99

- Mejor centrocampista de clubes de la UEFA: 1998-99

- Equipo del Año de la UEFA: 2001, 2003

- Premios 10 temporadas de la Premier League (1992-93 a 2001-02):

    - Equipo nacional y general de la década

    - Gol de la década (contra Wimbledon, 17 de agosto de 1996)

- Personalidad deportiva del año de la BBC: 2001

- BBC Sports Personality of the Year Lifetime Achievement Award: 2010

- Mejor jugador del Real Madrid: 2005-06

- Equipo del Año de la PFA: Premier League 1996-97, Premier League 1997-98, Premier League 1998-99, Premier League 1999-2000

- FIFA 100

- Premios ESPY:

    - Mejor futbolista masculino: 2004

    - Mejor jugador de la MLS: 2008, 2012

- Salón de la Fama del Fútbol Inglés: 2008

- Salón de la Fama de la Premier League: 2021

- Premio al Jugador Regreso del Año de la MLS: 2011

- Equipo del Siglo de la PFA (1997-2007): 2007

- Leyendas de la Federación Internacional de Historia y Estadística del Fútbol (IFFHS)

- Premio del Presidente de la UEFA: 2018

Órdenes y premios especiales

- Oficial de la Orden del Imperio Británico por la Reina Isabel II: 2003

- Embajadora de Buena Voluntad del Fondo de las Naciones Unidas para la Infancia (UNICEF) (2005-presente)

- "El mejor embajador de Gran Bretaña" - Premios a los 100 mejores británicos

- *The Celebrity 100,* número 15 - *Forbes,* 2007

- Número 1 en la lista de los 40 hombres menores de 40 años más influyentes del Reino Unido - *Arena*, 2007

- Tiempo 100: 2008

- Ganador de la insignia de oro Blue Peter, 2001

- Premio Do Something Athlete, 2011

- Salón de la Fama del AC Milan

Registros

- Primer inglés en ganar títulos de liga en cuatro países (Inglaterra, España, Estados Unidos y Francia).

- Primer jugador inglés que marca en tres Copas Mundiales de la FIFA.

- Primer futbolista británico en jugar 100 partidos de la Liga de Campeones de la UEFA.

- Mayor número de tiros libres marcados en la Premier League: 18.

- Mayor número de tiros libres marcados en una temporada de la Premier League: 5 en 2000-01

Otros libros de United Library

https://campsite.bio/unitedlibrary